AF264811

做儿子

进入天父的心的奇妙之旅

詹姆士·乔丹

天父之心事工
www.fatherheart.net

《做儿子》——詹姆士·乔丹著天父之心媒体 2014 第二版
生命树媒体 2012 年首次出版

PO Box 1039, Taupo, New Zealand 3330
www.fatherheart.net
印刷: 美国/新西兰翻译: 摩西
编辑: 渔人
封面设计: 汤姆·卡罗尔特别致谢:
威尔逊·斯泽、埃里卡·斯泽、凯西·格拉特、维科·科索恩和劳埃德·艾希顿
ISBN 13: 978-0-9951299-3-1

若需其他教学书籍、电子书、光盘、DVD 或 MP3, 请访问 www.fatherheart.net/shop。欢迎网上在线订购, 可以跨国快递, 接受信用卡支付。

献给杰克和多萝西·温特

目录

鸣谢

杰克·温特极大地影响了我的生命，我再怎么感谢他都不为过。当我还是一个年轻的神学生的时候，主用一个非常清晰的声音告诉我，要我成为杰克·温特的约书亚，就是成为他的助手和 接班人。在接下来的二十五年里，我和太太蒂妮诗成了他的第一批门徒，但很快地，我们都各自成为了他属灵的儿子和女儿。就像约书亚承接了神赐予摩西的一切，我也努力承接着神赐给杰克·温特的一切。杰克·温特临终前按手在我身上，为我祷告， 将他的服侍恩膏传递给我。我努力做着类似约书亚当年在摩西去世后所做的，就是进入杰克·温特所指给我的那一块江河之上的地界。

我怀着激动的心情，感谢约翰和桑迪·兰德森、简和桑德 拉·日金比克，还有我的妻子蒂妮诗和我的孩子们，也再次感谢杰克·温特和那几个长期以来给予我信任的人，他们在我无法独自站立的时候扶持并引领了我。

我要感谢史蒂芬·赫尔在文字上的帮助和支持，没有他的贡献，就没有这本书。我也要谢谢威尔逊和艾丽卡·施，他们对我的鼓励和支持促成此书最终问世。

我还要感谢天父之心国际事工的弟兄姐妹们，谢谢他们的陪伴和鼓励，在我们共同寻求天父的爱的道路上一路同行。

最后，我实在找不到合适的词语，我想也确实没有词语能够被我找到，千言万语化为一句"谢谢你"，感谢我们的神，我们的天父爸爸，祂的奇妙的计划，以及祂所成就在我们生命中的大能。在我还没有成为基督徒之前，祂就已经与我同在了；在我成为基督徒之后，祂更是那样信实地待我——祂并不在意我的成功和失败。祂就是那样爱我。

序言

1977 年, 在当时基督教会折射和反射出来的种种光线中, 杰克·温特看到了一缕耀眼纯洁的亮光。他看到了天父上帝跳动的心。其影响之大, 至今仍在基督教界回荡着。

杰克和桃乐茜·温特这对夫妇的生命简直太精彩了。他们的生命充满圣灵, 大有信心, 他们弃绝对世界的追求, 进入到人所未知的领域, 献身于圣灵和神的话语, 极少有人能活得像他们那样。没过多久, 来自世界各地的上百号志同道合的人就加入了他们, 这项事工当时叫做"日星事工"。就是在这个事工里, 杰克跨入了天父的心的大门。

在他人生接下来的二十五年里, 杰克将自己卓越的内在生命和事工上的丰富经验奉献出来, 专心以各样的服侍来传递神的爱。杰克意识到, 这爱是实实在在的东西, 它是可以传递的, 它能够 医治破碎的心。杰克飞遍全球, 长途跋涉, 从早到晚, 接触和拥 抱成千上万的人, 见证神奇妙的医治。我就是这其中的一个。杰 克真真实实地看见了神的父爱——新约圣经启示的巅峰。

本书是我的个人经历和进入这一真理的心路历程。杰克是我的属灵父亲, 2002 年 8 月他过世了, 在那之前他按手在我身上, 要我领受他的使命。尽管他所领受的关于天父的爱的启示已经非常光芒耀眼了, 但事实上, 这只是其中的一小部分而已, 此外还有很多很多。本书记述了我发现天父的爱的经历。天父的爱一直浇灌进我的心里，这爱引导我从一个普普通通的基督徒进入另一种生命，那就是作神的儿子。事实已经证明，这还仅仅是第一步。关于天父的爱，总有说不完道不尽的丰富，实在是令人兴奋。

詹姆士·乔丹
2012 年于新西兰陶波

1

天父的启示

~

在过去的十五年里, 我有超过三十五次的国际旅行, 在许多特会和教会演讲, 分享关于天父的启示。我经常觉得, 主耶稣带领我走遍世界各地, 就是要我简单地去告诉人们在我生命中所发生的事情。曾经有人跟我说: "詹姆士, 你的意思好像是说天父的爱是全人类所有问题的解答。"我真的是这样认为的吗? 千真万确, 我全心相信。

在天父的爱的启示上, 我走得越深, 就越发地意识到整个基督信仰需要被全然更新。我们的基督信仰长期以来过多地关注我们必须做什么, 却忽视了神到底是谁, 以及祂究竟已经做了什么! 我们许多人都背着一个包袱, 就是要竭力呈现一个事实上是虚假的福音。我们常被告知我们必须主动地做些什么, 却甚少被告知**神已经主动**做了什么。我们被告知, 我们蒙福好成为他人的祝福。

而一个很简单的事实是，我们蒙福是因为神爱我们，也因为祂就是想要祝福我们。我们或许也听过另一种福音，那就是我们必须为神工作。然而，我要告诉你，这样做的最终结果，将会导致你彻底地崩溃和耗竭。越来越多的基督徒选择从这样的基督信仰中退出，从这种不断地以替神工作来讨神喜悦的跑步机上走下来。

基督信仰其实很简单，就是：神爱你，祂要你持续不断地活在祂对你的爱的经历之中。这是基督信仰的总归。认识到这一点，能使我们真正地进入安息、满足和内心的平安，这样的生命是如此有感染力，必定给人带来巨大的影响。我们正处在基督信仰的更新、革新和复兴当中，我相信，其意义与当初的宗教改革是一样的。

认识耶稣，跟认识天父，是两件不同的事

多年以来，我对基督教会的一个印象就是凡事都以耶稣为中心，天父只是被稍稍一带而过。事实上，与耶稣相比，天父似乎仅仅只是一个衬托而已。我想这可能是因为我们太过于专注在耶稣身上。我们以为，只要认识了耶稣，经历了耶稣，我们就可以自动地认识天父。约翰福音 14:7 是其中一段用来佐证的经文，而事实上人们却错解了这段经文的意思。这段经文说，"你们若认识我，也就认识我的父"，但我们需要明白，耶稣并不是天父，天父也不是耶稣。所以，耶稣并不是说"我是父"。耶稣从来没有说过认识祂跟认识天父是同一件事。耶稣说过，父在祂里面做工，祂所说的话，是住在祂里面的父告诉祂的。耶稣说："惟有看见父所做的，子才能做"，而祂从没有说过，"我就是父"。

我们所教导的一切，都应当基于圣经。如果我们得到一个启示，却不是基于圣经的，那就不是来自神的启示。然而，有一件事一定得提出来，那就是，遵圣经而行并不等于与神同行。如果你与神同行，你**自动地**就在遵行圣经。我们行在圣灵里，而非行在字句里，而圣灵也不会将你带入任何圣经话语所不认可的境地。耶稣的门徒从来没有读过新约圣经，他们写了新约圣经！他们写 作的素材是什么呢？他们是靠圣灵行事，将圣灵赐给他们的话语 写下来。

我曾经读过一些慕安德烈的作品，对我的影响很大，也引发了我写这本书的意图。他这样写道："天父怎样爱耶稣，祂也照样爱我们。"然而，我们眼下基督信仰的缺憾就是，我们在深信耶稣的同时，却将天父撂在一边。但是，**耶稣来，是要将我们带到天父那里去**。这就是耶稣来的全部意义——将我们带到天父上帝那里去。

慕安德烈还写到："耶稣那倚靠天父的生命，是一个活在天父的爱中的生命。"我实在是喜欢这句话！耶稣之所以能够倚靠天父，是因为祂知道天父完全地爱祂，祂可以倚靠这爱。耶稣生平所经历的每一件事，祂都完全倚靠天父。接着，慕安德烈说了这样一句话，也是我最喜欢的一句："天父对耶稣是怎样地爱，祂对我们的爱也将是一样。"在耶稣的生命中，哪些地方彰显了天父的爱呢？天父的爱，对耶稣来说究竟有多重要呢？你一定会说，彰显在每一件事上。耶稣喜悦遵行天父的旨意，祂活在天父对祂的爱的经历和认识中。耶稣就在天父的怀里，永远住在天父的心里。那里是祂的地方。

我相信，一个新的启示正扫过全地，仿佛高涨的浪潮从海洋中涌起，像海啸那样涌向海岸：对天父的认识在基督徒的生命中被恢复。

叶光明这样评述约翰福音 14:6，（在那里，耶稣说："我就是道路、真理、生命；若不藉着我，没有人能到父那里去。"）他这样说："这节经文说到了途径和目的地。耶稣是道路，天父是目的地。"然后他观察到："今天绝大多数教会的问题是，我们卡在这路上了！"我们卡在这路上了！我们已经来到耶稣这里，却没有进入与天父的亲密关系中。之所以会出现这样的情形，是因为我们许多人跟自己的生身父亲缺少亲密的关系，所以，当我们读到类似的经文的时候，我们读不出什么深意来。我们全部围绕着耶稣来解释我们的神学。然而，我相信，耶稣一定会这样说："这不在于我，而是全在于父。"

我们正处在这样的一个时代，我们的基督信仰，让我这样说吧，正在从一张双脚凳，变成三脚凳。我们有关于耶稣的启示和关于圣灵的启示，我们将基督信仰建基于这两个启示上，因为启示就是我们内心的真实。然而，现在，神正带给我们一个祂自己是父亲的启示，因为神是爱，是爱的经历，是天父向我们内心倾注的极为个人且亲密的爱。有些人的经历是轰轰烈烈的，而有些人则是细水长流。形式并不重要，重要的是这爱在进来。其实，启示临到我们，就像是黎明的曙光，渐渐地、慢慢地，才大亮起来。

要在基督徒的生命中建造天父的启示的根基，我想在这里引用圣奥古斯丁的一句话，他说："整本圣经除了讲神的爱之外什么都没做。神的爱，支持着并解释了其他所有的经文。"基督徒所能想到的每一个话题，事实上都是在讲述天父的爱。确实，在我们的基督信仰里，**每一件事**都是关于天父的爱。缺乏理解和经历天父的爱的基督信仰，是缺失根基的基督信仰。

如果我们没有天父的爱作为我们的根基，那么，我们就会错解我们作为一个基督徒的真正意义。十字架确实是天父的爱的表达，但天父的爱并非是仅仅透过十字架来表达的。因为神是这样爱世人，祂甚至将自己的独生爱子赐给世人。这独生爱子在十字架上的死，是神最伟大的爱的信息。基督信仰的概括就是天父的爱，十字架将我们与神的爱之间的一切拦阻都挪去，使我们可以坦然无惧地来到神的施恩宝座那里，像孩子一样趴在祂的膝上，认识祂是我们的父亲。如果我们不明白天父的爱这一启示，这一支持并诠释着圣经所有文本的启示，那么我们的基督信仰将会是很扭曲的。

奥古斯丁接着说："假如圣经可以压缩成一句话，或者变成一个声音，这声音将比大海波浪的咆哮更加有力，呼喊着，'天　父爱你！'"

你看，我们不知道我们所不知道的！我们不知道一件事，那就是我们不认识天父。我们确实知道教义，甚至我们能够教导别人说神是我们的天父，但我们却没有从个人生活经历中将所教导的活出来。一个启示能够如此改变我们的看法，甚至我们不需要多加思考，就已经开始将神当作我们的"父亲"了！我们可以从圣经经文知道关于天父的事，我们可能认为明白圣经经文就等于认识天父了！我们还不知道我们是多么的无知！

当今基督信仰的一个很大的问题, 是认为只要我们知道了圣经所说的, 我们就自动拥有了圣经所说的东西。这是一个很大的

错误观念。我在教导过程中就经常遇到这个困扰。尤其像我这样科班出身的有学术倾向的人, 经常会落入这错误观念之中。多年来, 我都是这样认为的, 有了圣经的知识就等同于拥有了圣经中所谈到的东西。这导致我落入自己与神关系的假象中, 最终以自己生命的枯竭溃败而收场。事到如今, 我终于意识到, 我掌握的所有知识, 事实上根本没有改变我! 于是, 我向神呼求, 求祂给我那个可以真正改变我的东西。

今天我们正生活在这样的一个时代, 神正在启示祂是我们的父亲, 这是使徒时代以来前所未有的启示。不管你已经知道了什么, 过去曾经经历了什么, 有一个空前的父亲的爱为你存留, 等你领受。如果我们能够向这启示敞开我们的心, 神会完全翻转我们在基督信仰中的经历, 进入到更加完全丰富壮美的经历之中。当我们经历到耶稣为我们被钉死在十字架上是要让我们领受天父的爱时, 基督信仰才真正开始!

让我来讲讲我的故事吧, 就是关于我是怎样进入这个启示的。我和蒂妮诗是在 1972 年信主的, 我们的生活环境离基督信仰很远。那时我们对基督信仰几乎一无所知。离我家最近的一个建筑, 就是一座小教堂, 坐落在小山坡上, 这里就是我小时候成长的地 方。那时候我看到有人去教堂, 其中有些人是我学校里的朋友, 但我不明白他们为什么要将美丽的星期天上午浪费在教堂里。我 一点都不理解他们。我也从来都没有听说过 "重生" 这个词。

当我快 22 岁的时候，我将我的生命奉献给了主耶稣。我的得救给我的生命带来了巨大的改变，因为从小我就极其孤单。我们一家人生活在一个小镇上，大多时候没有什么人跟我玩耍。跟我同龄的男孩要走三英里远才能找到，这样，平常我放学后，或

大部分的周末，我都是独自飘荡在我们家周边的农田和旷野里。放学后，我经常在附近的小山坡上游荡，一直到天黑，然后才走回家，要走过一片地，穿过农场，翻过围栏，爬进门。这些对我来说太熟悉了，但我很孤单。

当耶稣进入我的生命，触摸极度孤单的我时，对我的震撼是巨大的。突然间，有这样一位神，祂爱我，进入我的内心，于是我爱上了耶稣。我得救的经历简直太绚丽多彩了。天从未如此之蓝，草也从未如此之绿。

生命的复兴

我得救后，蒂妮诗和我开始去教会，当时那教会正在经历复兴。许多美国人使用的"复兴"这个词，其实是"外展"的意思， 表达一系列的福音布道会。然而，我所理解的复兴，是神的同在和能力如此强烈地彰显，以至于人们可以非常切身地感受得到。当一个复兴来临的时候，总是会在我们信仰的经历中产生深远的影响。一个真正的复兴，是神的同在伴随着极为强大的能力的彰显。复兴是神在一个特定的地点释放祂那令人难以抗拒的同在。

在这段复兴期间，这个教会发生了许多令人震惊的事。教会里有

一个年轻妇人，她想学钢琴，参加教会的乐队，但她对音乐一窍不通。有一天她在钢琴前坐下，教会里的一个长老为她祷告，之后，她就能够顺利弹奏了。但是，只要她不在敬拜神的状态，她就不会弹了。于是，在接下来的十六年里，她开始学习音乐课程，来了解那些年间她一直从事的工作。

还有些时候，人们会看见耶稣在教会里走动，耶稣在教会的走廊上下行走，并为人按手，就好像祂从前所做的那样。很多人

看见同一个异象，并在聚会中同一个时间里看见同一件事。其中一位长老先欢迎新人，然后邀请圣灵来，接下来我们就跟着圣灵的带领了。大约有五年的时间，这个教会都不需要牧师，聚会的时候也不需要带领人，因为有圣灵强有力的同在和明证。那真是一段非同寻常的时期。我心生饥渴，盼望这样的复兴持续下去。从那时起，我就盼望这样的复兴将来能够再次发生，或许就在今天发生。然而，我们自己无法让它发生，那完完全全是神自己的作为。

现在回顾当时，我意识到另一些事。当圣灵如此强烈地彰显时，我作了一个错误的假设，就是之所以圣灵那样充满我们的教会，是因为教会的教导非常准确。古往今来，世界各地，许多人都有这样的错误假设。我们假设，如果我们对圣经的解释和应用是正确的，那么，圣灵就会以祂的同在来尊荣我们的教导。但事实并非如此！而这假设恰恰是今天基督徒彼此纷争的起因。然而，　　事实是这样的，圣灵来不是因为教会的教导正确，而是来**矫正**教会的教导。神的话语唯独在圣灵的同在中才能被理解。圣经是在复兴中写下来的。圣经中的每一个作者，都生活在个人

生命全然的复兴之中。其所记载的是关于复兴的事，这些事也只有在复兴中才能被理解。

那时，我们经历着圣灵同在的极强烈的感受，一个又一个的主日，一年又一年，都是这样，人们从世界各地来到我们的教会。不久，教会的长老们决定组织一个特会。当时镇上只有一个地方可以容纳这个特会的人数，那就是赛马场，那里有一个大看台。有许多人来参加，要听当时世界上最好的讲员讲道。对我们来说，领受那些世界级的讲员的服侍，领受在那会场中的圣灵的恩膏，实在是一个巨大的祝福。然而，当时都有一个假设，就是神之所

以浇灌祝福给我们，是因为我们教导上的正确，基于这样的假设，我被所讲的道和教导完全同化了。我从未想过要质疑其中的任何教导，而是把它们完全当作绝对真理来领受。

我还记得在那次特会上有一个讲员，他讲了一篇道，那道真的对我冲击很大，当时我是全盘吸收，毫无疑问。他讲的是耶稣带领彼得、雅各和约翰上山，自己改变形象的经文。他讲到耶稣是怎样改变形象，讲到耶稣的样貌是怎样改变了，并被神的荣耀遮盖，以及他们怎样看见（至少在某种程度上）耶稣启示自己在永恒中的样式。在这过程中，他们看见摩西和以利亚显现出来，跟耶稣在一起。天父从云彩中说："这是我的爱子，你们要听祂。"接着那三个门徒就趴在地上，不省人事。过了一会儿，他们抬头看，"只见耶稣"。摩西和以利亚离开了，耶稣也回到祂的常态之中。

只有耶稣

这个讲员整个信息的中心汇总起来就四个字"只有耶稣"。他说："我们要专注耶稣，并且单单专注耶稣。耶稣是我们信心的创始成终者，耶稣是阿拉法，是俄梅戛；耶稣是首先的，也是末后的。耶稣的名是天下唯一的名，我们可以靠着得救。耶稣是祂的身体——教会的头。耶稣是那新郎。耶稣是一切，祂的名至高无上。"一切在于耶稣，并且唯独在于耶稣。

当他这样讲的时候，我里面的每一个细胞都在说，"阿们！"因为耶稣拯救了我，我确实经历了救恩的大能。耶稣已经成为了我的一切。每次我祷告的时候，我总会说"耶稣我的主"。一切都在于耶稣。敬拜都是关于耶稣。我们所唱的歌都是关于耶稣。

偶尔他们也会提到一些经文说到圣灵或者天父，但是，所有的注意力都被聚焦在耶稣身上，那时我认为，这就是整个基督信仰的焦点。

"你领受天父的爱了吗？"

几年后我去读圣经学校，有一个叫杰克·温特的人来到新西兰，他在我们学校的一个聚会上讲道。杰克开始讲到天父，那时杰克正开始领受关于天父的更大的启示。我们还从没有遇到过一个像杰克那样满有神的恩膏的人。尽管我们确实经历过许多大有能力的服侍，但是，就我而言，当杰克讲道的时候，我好像在听着耶稣讲道一样。这非常不同于我从前所听到的任何讲道。

杰克说过这样一句话："许多人传讲福音，但我们却给他们机会去将福音活出来。"这话好有分量啊。要加入杰克的事工，你要先变卖你一切所有的，分给穷人，或者摆在使徒们的脚前，然后大家一起在日星事工中服侍同行。这是我所见过的最纯粹的信心事工。有时候他们两百多人在一起服侍，下一餐在哪里都不知道，他们就祷告。他们为下一餐求神的同时仍旧在为别人代祷。但是，当你需要有食物在两小时之内摆上桌子时，那真的将你的祷告带到一个全然不同的境界。

杰克那次在新西兰的聚会上所带出的关于天父的启示，如今正在这片土地上绽放异彩，他意识到，如果人们经历了天父的爱，他们就会在情感上得到医治。那真是个令人兴奋的时光，那年有差不多四百个家庭申请加入他的事工。在美国就有十二个据点，六百多位全时间服侍人员，而杰克的办公桌仍然是他床头边上的一张小桌子。他对任何高大上的东西都不感兴趣。

当我们到达那里的时候，每个人都对天父的爱这一启示感到兴奋不已，不断有人问我："你领受天父的爱了吗？"我感觉实在是太被冒犯了。那年我二十八岁，觉得我们要在杰克的事工上摆上余生。我刚刚离开新西兰的灌木丛，许多人称之为丛林。在三千五百英尺的山腰处，丛林不再，现出一片草地，看过去像金色的海洋。那些小山坡美极了，在那里打发日子非常惬意，我就是来自这样的户外生活的人，像一个年轻人那样结实强壮。我习惯生活在山里，在户外露天过夜，伐木生火煮饭烧菜，这样的生活环境塑造了我生硬冷漠的个性。现在好了，有人问我："你领受天父的爱了吗？"让我情何以堪？

我内心对这个问题是极为愤怒的，"看看，我是被圣灵充满的人。我已经建立了一个教会，我还上过圣经学校，我能够说预言，我也会赶鬼。医病，在街上传福音，这些我都行。我是魔鬼终结者，我是神人！神已经呼召我成为先知，成为圣灵的宝剑，将灵与魂分开！我发出的话语，使人感动下跪！我传讲的道能将罪人与义人分别出来，并且穿透许多人的心！我蒙召做先知。我不是蒙召领受什么'爱的东东'。说什么，'**你被天父的爱充满了吗**？'未免太好笑了吧。"

第一道亮光

到那里几个月后，有一个记忆从遥远的天际进入我的内心。我记得在我四岁的时候，我母亲（那时她的生命多多少少被神触摸过）在一段时间里，每晚都会将我们兄弟姐妹带进她的卧室，我们在一个小柜子前面跪下来，母亲在那小柜子里摆放了十字架和蜡烛。每次她都将蜡烛点亮，然后她就教我们主祷文。后来他们几乎都忘了这事，但我一直记忆犹新，因为从那时候起，我几

乎每个晚上睡前都念诵主祷文。我会闭上眼睛，心里就用主祷文祷告。结束的时候我会说："神啊，祝福我爸妈，我的兄弟鲍勃，我们的姐妹西尔维娅。主啊，我长大后，请你保佑我健康，有一个幸福的家，赐给我一个好工作。"我每天晚上都这么祷告。有时候我错过了，但第二天晚上我就补上，祷告两遍！这样算下来，我就没有错过一个晚上。

在日星事工的头几个月，神提醒我，当耶稣教导门徒们祷告的时候，祂教他们说，"我们的父"，我意识到自己从四岁开始就这样

祷告了，一直到十四五岁！耶稣教导祂的门徒向祂的**父亲**说话。现在我明白了，耶稣即便是在最开始的时候，就引导门徒直接进入与天父的关系之中，而不仅仅只是与自己有关系。于是，我从前听的"只有耶稣"那个道，第一次裂开了一个缝隙。我开始意识到，基督信仰不仅仅只是关于耶稣。

你看，当人问我，"你领受天父的爱了吗？"这问题对我来说就是，"你干嘛跟我谈天父呢？一切都在乎耶稣！天上地下只赐下一个名是可以靠着得救的，那就是耶稣的名。耶稣是万主之主，万王之王。一切都关于耶稣。是祂拯救我们，是祂为我们死在十字架上。"我没有认识到在一个非常真实的意义上，天父也死在了十字架上，我只是不断重复"一切都在于耶稣！"

我当时的感受是，如果我跟天父建立起关系，那我就对耶稣不忠了。我扪心自问，"耶稣为我做了所有的一切，我岂可转离祂，去跟天父建立关系呢？"这让我很挣扎。当然，事实上根本不是那么一回事，我只是将我当时的感受说出来。然而，记忆中祷告里的"我们的父"是我的防线上的第一道裂痕。耶稣确实是告诉门徒们去跟他们的天父谈话。耶稣这样说的：

你祷告的时候，要进你的内屋，关上门，祷告你在暗中的父。(马太福音 6:6)

忽然间我发现，"哇！这里有提到天父啊。"直接跟天父往来是合情合理的事。我开始有了一些根基。

敬拜天父

又过了几个月，又一个启示的亮光出现了。我记起几年前的一桩事，那时我在圣经学校学习，有一个讲员从美国来，拖家带口的。这家伙在那所圣经学校一呆就是十一年，他教导约翰福音。有好几次，上完了课，学生们非但不像往常那样飞出教室，反倒继续在教室里，大家都沉浸在刚刚课堂上所领受的祝福中，他的教导所引发的我们对神的尊荣和敬拜，实在是难以置信的祝福。整整一年时间，他带着我们一节一节地走过约翰福音。到了年底， 他向我们道歉，说整年下来我们只能学到第 16 章! 然而，那真是难以置信的深入查考约翰福音的一年。

然而，当我们学到第 4 章的时候，他说："这章我们改变学 习方式，这次我不教，我会给你们每人一到两节经文，你们自己 去学习研究，然后，回来在课堂上一一呈现你们的学习心得。" 当他这么说的时候，我心中立刻希望我能够得到一节特定的经文。我当时想，如果我得到那节经文，那我就不需要做太多的功课了，因为我已经有了关于那节经文的启示。那时我确实很忙，那么，如果我得到那节经文，就可以省掉一些功课，多给自己留点时间了。

于是，他开始在班上给每个学生分配经文，他给我的经文真的就是我希望得到的那节。那节经文是约翰福音 4:23, 那时候我

对这段经文的学习和领受是这样的："时候将到，如今就是了，那真正拜神的，要用心灵和诚实拜祂，因为神要这样的人拜祂。" 事实上，那段经文并非是这样的，但我却是这样**以为**的。得到了我所想要的经文，真是太高兴了。因为我不需要花太多时间去研究。终于，轮到我在课堂上分享我所得到的启示。我觉得

自己做得很棒，将那段经文的理解分享给全班同学，心中充满了自信。课后一些同学来找我，给我点赞，也是美好的印证。

我的启示的重点是关于"用心灵和诚实敬拜"，因为我知道敬拜的真正的意思。敬拜是在你的灵从你的口涌出的时候，是爱和崇敬的完全的表达。敬拜不需要太多思考；敬拜是灵的联接。我已经发现敬拜是不能学习的。敬拜是对神的临在的自然回应。**这**就是用心灵和诚实敬拜！这就是我在课堂上分享的对那段经文所领受的启示。

然而，八年后，我才发现那段经文的真正意思。在那节经文中，耶稣实际上是这样说的：

"时候将到，如今就是了，那真正拜父的，要用心灵和诚实拜祂，因为父要这样的人拜祂。"

直到这个时候，我的整个敬拜的焦点都是在耶稣身上，唯独在耶稣身上。过去我们所唱的歌，甚至到现在，我们仍然是专注于"只有耶稣"。我们的手环是 WWJD（耶稣会怎样做？）我们唱的是"耶稣，一切在于你"。我想耶稣自己并不同意这样的说法。我相信耶稣会说："**事实上**，一切全在于我的父。"

当然，敬拜耶稣并没有错。圣经中一些关于敬拜的最伟大的经文都讲到对耶稣的敬拜，尤其是在启示录，在那里所有的长老都将自己的冠冕摆放在基督的宝座前，他们在敬拜中高举神的羔

羊。但是在这里我想要指出的是，耶稣**自己**说："那真正拜**父**的，要用心灵和诚实拜祂。"当我读到这里的时候，我根本无法

想象说，"我敬拜你，天父"或者"我爱你，天父"。这些词句居然离我那么遥远，我自己都感到震惊，但我的的确确看到耶稣就是这么说的。我开始认识到，在我们的生命里实在是有一个地位是留给天父的！我的"耶稣和只有耶稣"的立场开始改变了。

今天，当这个完整的启示开始进入教会，当我们开始再次认识天父时，一些正在为这个问题而挣扎的人经常这样批评说，"你们这些人似乎只去找天父，而绕过了耶稣。"让我清楚地说，我们不可能绕过耶稣。去到天父那里的唯一**道路**就是通过耶稣，只有在耶稣里我们才能跟天父建立关系。

我们是在基督里

有人说，异端更多的时候是被唱诗歌唱出来的，而不是被讲道讲出来的。我真心希望那些撰写赞美敬拜歌曲的人，写之前好好请教那些对圣经真理有正确理解的人。我们当下唱的赞美敬拜歌曲不少是不符合圣经的，然而我们常常是唱这些歌曲的时间多过读经的时间。举个例子，有一首古老的赞美诗，这样唱道："......与耶稣同行，祂是世界的光。"许多的赞美敬拜歌曲说到"与耶稣同行"，但事实上圣经不是这么讲的。

我们不是跟耶稣**同行**。我们是**在基督里**，祂也**在我们里面**。我们的生命已经被祂的生命完全吞下去了。我们受洗归入到祂里面去，现在"......活着的不再是我，乃是基督在我里面活着；并且我如今在肉身活着，是因信　神的儿子而活；祂是爱我，为我舍己"（加拉太书 2:20）。祂已经成为我的生命了。祂活在**我里面**，我也在**祂里面**。我已经受洗**归入**祂里面去了。并不是我跟祂肩并肩走在一起，而是祂**在我里面**，我**在祂里面**。事实上，我们是在基督里面与**天父**同行。事实上，并不是**我**跟天父的关系，而是我进入到**耶稣跟祂的**天父的关系里面了。

耶稣是通向天父的道路

基于这整全的看见，我开始认识到，建立我们与天父的个人关系是合乎圣经教导的，这全在乎于对耶稣是谁，以及在耶稣里我是谁的认识。

然后，我读到约翰福音第 14 章，这是一段值得专注默想的经文，因为其中有些地方经常被误解了。我喜欢那几节讲到耶稣被钉十字架前几天的经文。杰克·温特的看见是，一个临终前的人所说的话，尤其值得我们专注。

耶稣是这样开始的：

"你们心里不要忧愁；你们信 神，也当信我。在我父的家里有许多住处；若是没有，我就早已告诉你们了。我去原是为你们预备地方去。我若去为你们预备了地方，就必再来接你们到我那里去；我在那里，叫你们也在那里。"（约翰福音 14:1-3）

耶稣在这里宣告祂将要离开，而门徒们还在期待一个实体的 王国。所以，当耶稣说"我要走了，我要留下你们在这里"的时候，门徒们非常震惊。我能想象他们彼此面面相觑，说："**你知 道这个**吗？我之所以来跟从祂，是因为我认为祂会推翻罗马帝国。为此我们已经将命都摆上了，也放弃了我们的职业。我们是要建 立

一个像马加比那样的王国, 我们可以成为这个全新的军队里的

军人, 打败罗马人对我们的奴役, 解放以色列。祂**现在**在说什么呀? "

但耶稣只是简单地说: "不, 我去是为你们预备地方, 但现在你们不能跟我去。"然后祂继续说:

"我往哪里去, 你们知道; 那条路, 你们也知道。"(约翰福音 14:4)

我记得, 在圣经学校的时候, 我们班上有三十个学生。有时候老师说一句话, 我们没有一个人明白, 可是也没有人开口说话, 因为没有人想让别人知道自己很笨。我想耶稣的门徒们那时的处境也是这样的, 当耶稣说"我往哪里去, 你们知道; 那条路, 你们也知道"的时候, 我能想象他们你看我, 我看你, 寻思: "你知道吗? 祂告诉过你吗? 祂不曾告诉我啊。我那天是不是不在场啊? 祂在说什么呢? "

我相信他们每个人都不好意思承认自己真的不知道。然而, 接下来, 多马说了一句非常单纯而实在漂亮的话: "主啊, 我们不知道你往哪里去, 怎么知道那条路呢? "多马这么说, 实在让我太开心了, 因为如果他不说话, 那我们就不会有下一节经文了, 而这一节经文却是整个新约圣经最重要的一节经文。

耶稣说: "我就是道路、真理、生命; 若不藉着我, 没有人能到父那里去。"(约翰福音 14:6)

原来, 耶稣在告诉门徒们那条道路和那个目的地! 当祂说: "我去为你们预备地方, 这样, 我在哪里, 叫你们也能在那里。" 耶稣真正说的是, 祂去为他们在天父的心中预备一个地方。注意, 祂**不是**说: "我将在哪里, 叫你们也能在那里," 祂说的是: "我在哪里, 叫你们也能在那里。"耶稣永远地活在天父的怀里, 即便祂在地上的时候, 祂仍旧活在天父的怀里。约翰福音 1:18 说:

从来没有人看见 神, 只有在父怀里的独生子将祂表明出来。

时候将到, 那时世人只听从那些活在天父怀里的人, 就是活在天父的爱里的人。因为唯独在那个地方, 我们才能够真正宣扬我们的神, 在那里, 我们才能真实地将祂彰显出来。神儿子的身份将要胜过基督信仰里其他一切的看法和观点。并且**必须**是这样的, 因为只有这样, 教会最终才能够成为神儿子的完全的代表。

天父是我们的目的地

耶稣说: "我就是道路、真理、生命; 若不藉着我, 没有人能到父那里去。"耶稣就是那条通向目的地的道路。那**目的地**就是天父。接着祂这样说:

"你们若认识我, 也就认识我的父。从今以后, 你们认识祂, 并且已经看见祂。"

很多人是这样理解这段经文的, 他们相信如果你已经认识耶稣了, 如果你跟耶稣有真实的经历和关系, 那么, 你就自动跟天父

有了关系。假如没有第 8 节, 以及腓力接下来问的问题, 我几乎就是这样相信的。腓力这样说:

腓力对祂说:"求主将父显给我们看, 我们就知足了。"

腓力的意思是:"耶稣啊, 我看你已经看了三年了。我是看见你了, 但我没有看见天父啊! 我们知道你跟天父关系很好, 但我们看到的仅仅是你而已。请你将**父**显明给我们看!"

耶稣回答说:

"腓力, 我与你们同在这样长久, 你还不认识我吗? 人看见了我, 就是看见了父, 你怎么说'将父显给我们看'呢? 我在父里面, 父在我里面, 你不信吗? 我对你们所说的话, 不是凭着自己说的, 乃是住在我里面的父作祂自己的事。你们当信我, 我在父里面, 父在我里面; 即或不信, 也当因我所作的事信我。"

耶稣在告诉腓力, 祂所行的神迹实际上是天父同在的印记。在第 7 节, 祂说:"你们若认识我, 也就认识我的父。"换句话说, 就是"你们可以认识我, 或者你们可以真的认识我, 如果你们真 的认识我, 你们就会看见天父了。"

亲爱的读者, 真相是, 你确实可能已经与耶稣有了真实的关系——却仍然完全没有"看见"天父。

天父需要藉着耶稣来启示自己

让我从另一个角度解释吧。在马太福音 11:27, 耶稣说了另一句话：

"一切所有的，都是我父交付我的。除了父，没有人知道子；除了子和子所愿意指示的，没有人知道父。"

耶稣说的这段话非常地触动我，想到我自己年轻的时候，因为我一直认为，人之所以孤单，是因为他没有认识的人。但现在我发现，孤单真正的定义应该是因为没有人认识**你**。当你察觉到没有人真正了解你的时候，那才真是孤单了。当你能够让一个人了解真正的你的时候，孤单就被攻破了。

耶稣在这节经文里说："除了父，没有人知道子"。祂其实是在说神是唯一个知道祂的人。耶稣的一生就是这样孤单地走过，甚至祂的母亲都不明白祂。祂母亲"把这一切的事存在心里，反复思想"，可她没有真正明白祂。耶稣说："只有父**真正**知道我。"然后祂回过头来说："除了子，没有人真正知道父。"

这是犹太宗教领袖对耶稣愤怒并将祂钉死在十字架上的原因之一。因为这个来自拿撒勒的耶稣居然宣告自己比**他们**这些宗教精英更懂得耶和华神！这些犹太领袖倾尽一生在神的圣殿中，从孩提时代就开始学习一切关于神的事！他们一直生活在这样的环境中，背诵了大部分的圣经经文，定义他们的行为确保自己不会犯错，为的或许是他们可以知道神，并被神认可。

现在好了，这个木匠的儿子，十有八九被人看为是一个私生子，竟然对他们说："照着你们所学的一切，你们还是不知道耶和华神。**只有我知道。**"显然，他们觉得耶稣是疯了，太傲慢了，祂活着就是一个极端的离经叛道者。

然而，耶稣是对的。他们可能知道一些**关于**神的事，但耶稣才真正地**认识**神。因为耶稣不是从亚当所出，祂没有罪，因此祂没有与神隔绝。以赛亚书 59:2 告诉我们，罪使我们与神隔绝，而耶稣**生来**无罪！祂不是亚当的后裔。祂是神自己直接受孕在马利亚身上。

耶稣的一生从始至终与神的联接是自然而惯常的。任何时候祂祷告，父就向祂显现——**灵与灵**的相通。虽然祂依然需要像我们一样凭信心活出来，但祂却跟天父之间有一个亲密的联接。祂是从圣灵感孕而生的，所以，祂在母腹里受孕的时候就已经被圣灵充满了。

所以，当耶稣说："除了我，没有人知道父。"祂是在说："整个犹太民族，以及那些已经听说过神的人，事实上并不知道神，而我知道！"耶稣用祂所做的事来证明祂说的是真的。祂所做的事就是有父同在的印记，并不仅仅是彰显自己的能力和权柄而已。耶稣所行的神迹指向一个事实，那就是天父对我们的爱。

这些宗教领袖正为耶稣大胆宣告只有祂才真正知道神而震惊的时候，耶稣又多说了一句："除了子和子所愿意指示的，没有人知道父。"耶稣说的意思是："我是透过个人关系知道父的，没有人像我这样知道父，**但是**，我可以将父指示给你。我可以将父指示给那些我愿意指示的人。"天父需要透过耶稣才能被指示给我们！

这是一个启示

这里说的是对于天父的**启示**。你不能仅仅因为自己想要知道，就能知道天父。你也不能因为你读了几段圣经的经文，或者你相信圣经经文所说的，就能知道天父。天父被指示给你，必须藉着启示，就好像你重生的时候认识耶稣一样，是被启示了才认识的。

你不是靠着自己的能力重生的。在你得救的事上你什么也做不了。你仅仅是回应神对你的主动的爱。

你不是因着悔改和信心而重生的。然而，当神看到你发自内心悔改并相信祂的时候，祂在你的内心中带出一个灵性的转化，从里面重生了你。不是因为你相信圣经所说的，不是你努力照着圣经所说的去做。你成为一个新造的人完全是出自神超自然的意愿。在你里面诞生了一个新的东西，你跟从前再也不一样了。这

是神在你心里的工作。救恩事实上是关于耶稣的启示，而启示是从神自己来的。神将耶稣启示给我们。

同样，受圣灵的洗是圣灵向你的内心显明的时候。圣灵的实质，即神的实质，被彰显在你内心最深处，你忽然间知道了圣灵的真实。我们称之为"圣灵的洗"，或"圣灵充满"，而其实是你的灵得到了你心中的圣灵的同在的启示。当这事发生的时候，你会自动地领受到一些真理的启示和知识。

当你在救恩中认识耶稣的时候，一些真理就超自然地传递到了你的生命里，你对这些真理的真实性毫不怀疑。你会知道耶稣

是从童贞女马利亚生的。你是怎样知道这个的呢? 是靠着主的**启示**, 因为耶稣就是这样的。你还会知道, 耶稣不仅仅是神的一个儿子。耶稣是神的**那个**儿子, 你会毫无疑问地知道除了耶稣, 再没有别的儿子了。你内心最深处的灵跟耶稣相遇了, 你知道了那无法否定的事实。许多殉道士甘愿受刑赴死, 就是因为他们无法否定那启示和耶稣的真实。

圣灵的洗也带来**启示**的知识, 就是神赐给我们奇妙的能力。参孙将托房的柱子扳倒, 以利亚比战车和马匹更快地跑回城。当神的灵临到一个人的时候, 能力也会临到那人, 因为神的灵彰显着神的能力。神亲自参与天地宇宙的创造。天父发起, 祂说出话来, 那话就是耶稣, 神的灵创造, 三位一体的神一起同工。

如果你没有被圣灵充满, 你会转而寻求对神迹奇事的解释, 这些解释反而削弱神迹奇事的实质, 但当你被圣灵充满的时候, 事情就不一样了。你会真实地知道神迹奇事是怎么回事, 因为你已经触摸到圣灵的实质, 圣灵拥有神的能力。

天父的启示

要认识天父, 并不像你持守书本上的神学那样简单, 而是天父在你的灵里变得真实, 祂的爱开始在你里面彰显出来。当耶稣说:"除了我和我所愿意指示的, 没有人知道父", 祂所说的是向我们的心**启示**神, 我们的父。

当我们谈论这些的时候, 我们正进入心灵的境界, 因为神的**启示**是向着我们的心而发出的。我很喜欢这样的看见, 因为神的启示不是给智商高的人，也不是给那些做事意愿强烈的人，事实上，高智商，强意愿，反而是启示进入内心的阻碍。

我相信神正在倾倒关于祂是我们的父亲的启示，是自从使徒时代至今空前的启示。基督信仰的总结，就是认识天父，并且是藉着启示认识祂。耶稣是通往天父的道路，目的地就是天父。

2

心最重要

~

让我鼓励你, 当你阅读这本书的时候, 让神的灵来喂养你的灵。我盼望透过这本书, 神会在你的心里动工。这是我写这本书的时候所专注的。神通常不是来给你洗脑, 而是来**改变你的心**, 因为当你的心被改变的时候, 你才真正被更新了。不需要勉强自己做什么, 你的行事为人都会不一样的。当你的心被改变了, 你的行为**自动**就会改变了。

我相信你晓得圣经并不是以教科书的方式被写下来的。圣经里面并没有一长串排列有序的主题。神刻意用一种方式来写下圣经, 只要有眼有耳的人都能够看见神的真理。以前我听人说, 神很喜欢被人找到! 就好像一个父亲跟他的孩子们玩捉迷藏一样。神的心意就是使那些真正愿意花时间, 带着饥渴的心, 来到祂那里的人找到祂。

当我们读经的时候，全心地寻求神，祂就会给我们看见我们所不曾知道的大而可畏的事。当我们向祂呼喊的时候，祂就回答我们！神的真理向漫不经心的旁观者隐藏，这就是为什么神没有将祂的话语以教科书的形式给我们，漫不经心的人无从看见祂的真理。神的真理隐藏在祂的话语里，就好像其他一切的话语那样。

我在箴言4:23 发现了一个极其重要的真理。经文是这样的："你要保守你心，胜过保守一切，因为一生的果效是由心发出。"当代译本是这样的："要一丝不苟地守护你的心，因为生命之泉从心中涌出。"这节经文已成为我们事工的主要焦点，我相信它是圣经中最有分量的经文之一。圣经中有很多类似这样的大有分量的经文，诸如"神是爱"，或"神是个灵"。这些都是很有分量的——它们都是伟大的真理！我真的相信箴言第 4 章中的这段经文，是基督信仰中最大的真理之一，但令人心痛的是，今天很多基督徒忽略了它。

你知道，你的心是你生命中最重要的，你生命中经历的每一件事，都是通过你的心来经历的。你怎样看待人生，怎样看待周遭的事物，以及它们怎样影响你，完全取决于你的心。事实是这样的，你的头脑是你的，你的情感是你的，你的意志是你的，而只有你的心才是你自己！

一个人在同一时间向两个人说同一件事，其中一个对所听到的有一种诠释，而另一个却有另一种诠释。说的人所用的词句是一样的，说的时间也是一样的，只是听的对象是两个人，可是， 对那两个人来说，会听成两件完全不一样的事。为什么呢? 因为他们

两个人的心的状态不同，同样的话语，对不同的人，有不同

的意思。两个人可能都领略了说话的人同样的眼神，但他们的诠释却完全不一样。

事实上，你可以这么说，由于我们各自的心在人生的经历中有很大的不同，我们都生活在不同的世界里。打个比方，一个小男孩是在父亲的暴力下长大的，那么，当他听到"父亲"这个词的时候，他的心对这词会自动关闭。而另一个小男孩，他的父亲待他非常好，那他听到"父亲"这词的时候，他立刻感受到的是舒适和安全。完全不一样的两个世界！

我们每个人都活在各自不同的世界里，因为我们的心在我们各自所经历的生活中被改变和被影响了。我们的家庭环境、我们成长的地方、周围的文化，我们的学校、我们的智力、我们的体能，以及我们各种的人际关系，所有这些都影响了我们现在经历生活的方式。虽然你不一定能把你的想法表达出来，但是你一定是透过你的心的状态来看待生活的。

我们的心是怎么被改变的

当我们成为基督徒的时候，我们想要改变，想要变得更像耶稣。然而，要做到这一点，神给我们的方法并不是通过对我们的思想进行教育，也不是激励我们下决心做更好的决定。然而关于基督徒的成熟，我们却常常是这样被教导的。"如果你想要改变，你就必须这样做。你必须成熟。你必须成长。"

对做主门徒的主导性的理解，就是我们当下经常被告知的，类

似这样："你必须做这个，你必须做那个。"或者："你必须停止做这个，你必须停止做那个。"还有："你必须养成这些行为习惯，要这样做，你才能改变。"

事实上，即便你能够停止某种行为，这并不能改变你真实的自己，因为你的真我取决于你的心！你的心在生活中所经历的影响，决定着此刻你真实的自己。

所以，箴言 4:23 这样说：

你要保守你心，胜过保守一切，因为一生的果效是由心发出。

你现在成为怎样的一个人，都源于你的心的状态。你可以藉着决心和毅力改变你的行为，但是我要告诉你结果并非你所想象。你可以做对的决定，每件事都做得头头是道。你甚至可以学习展露得体的微笑，做事像一个优秀的基督徒。然而，有一天，忽然间，某件事情发生了，你瞬间被打回原形，展现出**真正**的你：你不想说那样的话，却偏偏说出来了；或者你会回到一种思维模式和对待人的方式当中，这种方式你明知道是错的。

在极端压力下的那一刻，那些话语就会从你的口中冒出来。你会说，"对不起，那不是我的意思。"请让我告诉你真相吧，**那才是真正的你**。因为，当我们承受压力的时候，你内心里的真实就会从你的口中说出来，你的态度也会在你说的时候流露出来。当诸事顺利，感觉良好的时候，你可以用你的头脑说话，知道怎样说才是得体的，但当你承受重压的时候，你的所言所行是出自你内心真实的状态。改变你的行为，并不会改变你真实的自己。真正且永久性的改变出自一颗改变了的心。

感谢神, 祂一路所做的, 就是改变我们的心。我太喜欢这句话了; 这实在是一个美妙的真理。当神改变了你的心, 你的心被改变的那部分, 就自动地满足了神对你的所有要求。你会自动成

为一个基督徒应当成为的样式, 不假思索地, 因为那是出自你的心。

在挪威的天父之心的事工里, 我们有一对可爱的夫妇, 他们叫奥拉夫和乌尼。他们在上世纪 70 年代信主得救, 他们给所居住的城镇带来的影响令人刮目。镇上三分之一的年轻人成为了基督徒。大约十年前, 我们在他们的教会服侍的时候认识了他们, 天父的爱深深地影响了他们。当奥拉夫经历了天父的爱的时候, 他之前那种热衷于表现自己, 拼命想成为一个"基督徒好男人", 成为一个"优秀的牧师"等等都停止下来了, 并进入安息。天父的爱翻转了他们的生命。

奥拉夫和乌尼在东非中部的肯尼亚做了许多服侍。有一天晚上, 在内罗毕, 他们开完会回家, 路上遇到几个年轻人, 这些年轻人打了他们, 并将他们身上的财物全部抢去。他们将夫妇俩撂在马路中间, 那是内罗毕的贫民窟地带, 马路很脏。当他们苏醒过来的时候, 乌尼非常开心, 因为她发现手上的结婚戒指还在, 尽管别的东西都被抢走了。他们只能爬向对方, 但是, 当他们开始为攻击他们的这些人祷告的时候, 他们的心被这样的一种爱充满, 就是爱这些击打他们的年轻人! 他们自己也感到惊讶。爱就这样从他们的内心中涌流出来。他们来不及想什么, 所能想到

的就是，"这些可爱的年轻人，神啊，帮助他们，爱他们。他们真的是太好了，神啊，祝福他们。"所有这些爱，从他们的心中涌出来。这样的经历使他们确信天父的爱的绝对真实，因为这样的爱从他们心中涌流出来，不需要他们自己的努力。他们并不需要努力去饶恕这些年轻人，因为他们发现他们内心拥有一样比饶恕更大的东西——他们拥有对他们的敌人深切的爱。

一个真正的基督徒的心就应当是这样的！而非是"我必须要饶恕他们"，或者"我知道，正确的做法是去饶恕他们"。对奥拉夫和乌尼来说，他们内心所经历和拥有的，简直难以抗拒。面对那样的情形，他们根本不需要思考该怎样做正确的事。耶稣的心已经自动地在他们的生命中彰显出来了。

当神改变你的心的时候，你自动地就变成不一样的人了。

基督信仰并非是学习怎样做事，然后用人为的决心去努力实践出来。当然，我相信，我们要下定决心抵挡罪，然而，不犯罪并不等于你就活得像基督。我们务必认识到一点，那就是只有神能够改变我们的心，使我们成为基督的样式。当神改变你的时候，你就全然更新了，不需要做什么思考。

我们需要明白，基督信仰本身就是有能力的。当你过着一个基督徒的生活的时候，这样的生活本身就能够在凡事上帮助你转向一个基督徒所当行的。不是你自己在做，不是你自己努力，也不是你自制或自律。如果你靠着自己的努力，活得像是一个基督徒，那你就会窃取荣耀。而只有神自己改变你的时候，你就会将所有的荣耀归给祂。神在我们心里做工来改变我们，这样，我们所有的行为和方法都将**自动**改变, 变得像那改变我们的那一位。

伤痕组织

如果你在生活中深受创伤, 那创伤是在你的心里, 除非神医治了那创伤, 不然它就会一直留在那里。只要那创伤在那里, 那地方就会多多少少地被弯曲和扭曲, 就不会像它本当运作的那样正常地运作。

我九岁的时候骑自行车摔倒了, 在我的膝盖上留下了疤痕, 生锈的手把割伤了我的膝盖皮肤。我哭啊哭啊, 回到家里, 才发现那伤口很大。母亲帮我消毒, 父亲看着说, "这伤疤会跟着你一辈子。"今天这伤疤还在那里, 但它却变得很小。你知道为什 么吗? 因为我的膝盖长大了! 事实上, 那伤疤的大小并没有改变, 因为疤痕组织是不会长大的。当你的心有了伤疤, 你心里的疤痕不会随着你成长, 它仍像小时候那样大。这就是为什么很多人有时候会有一些幼稚的反应, 甚至自己也感到羞耻。我们确实想着下一次不再那样做, 但是, 我们还是一而再再而三地犯同样的错误! 神要医治我们心里的这些伤疤, 当神医治了你心里的伤疤时, 受伤的那部分就会成长并成熟。而且这样的成长并不需要太长的时间。感谢神, 祂的医治是神速的!

当你的心被忽视或没有得到适当的爱抚的时候, 或当你的心被伤害破碎的时候, 受伤的那一部分就会留下伤疤, 除非神医治它。神的工作就是医治我们的心, 神藉着倾倒祂那安慰的爱来医治我们。

你的心才是你

当你的心受伤时，你的最深处就受伤了。为什么这样讲呢？ 因为你的心不是你的，你的心就是你。你做选择的能力，那是你 拥有的一种能力，因为你的意志是你的，你可以照着自己的喜欢 改变你的意志。同样，你不是你的思想，因为你可以改变你的思 想。你可以决定怎样想就怎样想。所以，你所想的并不是你，因 为你能控制你所想的。你可以通过不同的方式来教育自己的思 想， 你可以晓得什么是错的，然后决定相信别的东西。你也可以 指导 你的思想。你的思想不是你，你的思想是你的。

你的情绪也是一样。你的情绪是你的，但你的情绪不是**你**。很多 人落入到一个陷阱里，认为他们的情感情绪就是真正的自己。当 他们感到悲伤的时候，整个世界都是悲哀的。如果他们感到开 心，就会说生活是多么美好。如果他们感到沮丧，整个世界都是 令人沮丧的。你的感觉和情绪可能是你的，但是，它们并非真正 的你。因为你可以有这样那样的感觉，但你的感觉并不等同于真 实。

你的思想是你的，你的意志是你的，你的感觉是你的。**你的心才 是你**。

医治的爱

当神改变你的心时，你就开始爱神所爱。你开始像神那样去感 受，你开始像神那样思考，你开始做神所做的，且是自动地！ 所 以，这本书不是教导什么，而是让神来到你的心里，医治你的心，将祂的爱浇灌进来，改变你的心，使你的心像祂的心一样。

奇妙的是，当爱进入你的心，所有从前你所经历的**缺**爱的事，都将逆转。有时我使用"非爱"这个词，我造了这个词用来描述一个现实。在这个世界上，有那么多的事，我们经历过了，它们都不是爱。你可能有许多"非爱"的痛苦经历，这些经历已经在你的生命的根基上造成了许多的孔洞。每一次"非爱"的经历，都好像是一次发生在你心灵最深处的爆炸。当神在这样的生命的根基上倾注祂的爱的时候，自动地，那些空洞就被充满了。

我们大部分人都还不理解这个。绝大多数的辅导事工专注于透过努力地分辨和梳理一个人所经历的具体事件，来诊断出一个人生命里经历的创伤。然后针对该事件来祷告，求神来医治这个

创伤，然后神回应我们的祷告，倾倒祂医治的爱，事就这样做成了。然而，我现在发现，只要你能够敞开自己的心，让天父的爱进来，你心中**所有**的孔洞就会被充满！不必去分辨诊断出这些孔洞。天父的爱自动地会注满那些孔洞！所以，如果我们能够找到一把钥匙，帮助我们每个人能敞开心，让天父的爱进来，并保持这爱不断流淌，我们就能够得到医治，不管我们想要还是不想要！

你看，天父的爱浇灌进你的心，你的心就是你跟天父相遇的地方。我曾想，再也没有一种服侍比这更美的了。我们一直都以为，有关天父之心的信息，只是给人们带来情感上的医治，但我发现，心的医治仅仅是认识天父的开始。当天父的爱第一次进入我们的心，我们的心就被医治。如果我们能保持心敞开，我们在关系上就成为天父的儿女，我们就能在天父的爱的知识和经历中成长。

关键是要敞开我们的心。我不知道怎样敞开我的心，我真不知道万一敞开了会发生什么。我所**能**做的，就是简简单单地将自己在神面前放下来，对神说："神啊，你要对我做什么我都 OK。尽管会有很多的疼痛，你就做吧。天父啊，我相信你是良善的神，你不会伤害我。我将自己完全降服于你。我相信你，因为你是良善的。"

我们当中很多人都能够找到理由说为什么不能信任某些人。但是，你无法找到一个理由说不信任神。有人说："神居然让我 遭遇这样的事。"事实上，神从来不会对你做错事，对任何一个人，祂都不会，永远不会！祂只能是良善的，祂不能犯罪。因此， 跟神生气是毫无道理的。因着我们对神所做的事的感受而原谅神， 这也是毫无道理的。我们可能相信神做错什么了，但是，祂没有

做错。尽管我们不尽都能明白发生在我们生活中的事，但真理却是这样的：神总是且唯独是良善的。

当你阅读这本书的时候，我邀请你将自己的心完全地降服于神，照着你所知道的竭力去降服。你可以这样说："父啊，我在这里，做你所想要做的。"可能你正带着自己的期待阅读这些话，我想说的是，让神的期待得满足，好过让我们自己的期待得满足。你可以说："天父啊，我在这里，唯愿**你**自己的心意得满足，不是我的。"

神纯全良善，我们可以信靠祂。

3

心的饶恕

~

当耶稣死在十字架上那一刻时，祂说："成了！"神能够为我们做的一切事都已经做成了。神为我们存留在祂心中的一切都已经给了我们。现在的景况是，我们正在进入对祂所已经成就的事情的认识。耶稣在十字架上所成就的事情，正在我们的经历中变得真实。基督徒生命成长的历程，完全是在于真正认识神所已经成就的事。神不需要再做任何事情了。基督已经做了所有的一切。可是，为什么我们不能完全认识到神所已经做成的事呢？在接下来的两章里，我要探索这个问题的答案。

神一直爱着我们

在这整个的天父的爱的启示中，关键的问题不是我们努力让神将祂的爱浇灌进我们的心里。神的爱时时刻刻像甘霖一样降在我们当中。问题是：**"为什么我还没有经历到那么多？为什么天父的爱对我来说还是不真实呢？"**

问题的关键是有一个拦阻在我们里面，导致我们无法经历天父的爱的真实。一旦我们将这些拦阻除掉，我们就能越来越真实地经历到祂的爱。威尔士复兴的主题曲是一首非常美丽的圣歌："这是神的爱，比海更大，神的恩慈像潮水一样。"神的爱像海洋。我知道海洋像什么。从新西兰飞到洛杉矶需要十二个小时，其间除了海洋，别无所有。我们才刚刚开始将我们的脚趾蘸入天父奇妙的爱的海洋中。

当我们不断经历天父对我们的爱，这样的经历就会改变我们的整个生命，翻转我们的生命，使它更有耶稣的样式。**爱本身翻转我们**。灵命成长的关键是，除掉那些拦阻我们真实地经历天父的爱的事物。这是最简单，又是最深邃的真理。

基督信仰是自我激励的

基督信仰是由内向外的**自我激励**。如果你真实地实践基督信仰，你会成为一个基督徒，你生命的每一方面都会被翻转，让你更有耶稣的样式。你不需要**做任何事**来让这事发生。如果你还没 有处在被翻转更有耶稣的样式的经历中，那说明你还没有真实地 实践基督信仰。基督信仰的本质很简单：耶稣死在十字架上，使 我们与神和好，以致我们能够进入与天父的关系，并活在对天父 的爱的不间断的经历之中。基督信仰远超过神爱你的概念性的知 识。基督信仰是**实际**地在每一天每一分钟里经历天父的**爱**。知识 性的爱和经历性的爱简直是天差地别。即便是撒但

也知道神爱你， 但这不是信心，只是正确的教义。信心是**知道天父正在爱你**。如

果你没有经历这样的爱，那是因为你心中的那些拦阻。这些阻拦阻一旦除掉，天就开了。

基督信仰就像是一个人从他死去的亲属那里继承了一大笔 钱，而这人对其一无所知。几年前，新西兰媒体报道了这样的一 则新闻，有人从他在南美的一个远房亲戚那里继承了巨额的财产，而他还不曾听说过这个亲戚。这使得遗嘱执行者花费多年的时间 来确定他是唯一存活的亲属，直到找到他为止。他所继承的遗产 数额大得惊人，共一百三十亿美元。

想象一下那个场景。有一天这人接到一个律师的电话，传唤他去见个面。于是他去了，得知这庞大的金钱此刻完完全全是他的。多震惊啊！你想他第二天会做什么？他的生活将发生天翻地覆的改变。你可以花上几个小时想象他会做什么，以及他的生命将会被怎样改变。

亲爱的读者，这就是真理，基督信仰完全就像这样。透过耶稣的死和复活，我们已经继承了巨大的产业。可是，我们实在太少人知道这产业的真正价值，而我们正在了解当中。我们正在解开得救的真正含义，这要比拿到一张进天堂的门票、生活舒适、善待邻舍、工作顺利、参加主日，甚至参与教会服侍等，都来得丰富多了。很多人相信基督信仰加起来的好处就是这些了，然而， 基督信仰远比这更大！

基督信仰是关乎你我变得像耶稣一样! 这是目的。要生活在 永恒中, 就当遵从在永恒中生活的耶稣的生命。永恒中的生活远 超我们的想象! 基督信仰是神的洪恩, 而我们已经完整地承受过来了。一个刚刚信主五分钟的基督徒, 他所承受的产业, 并不少于一个已经信主八十五年的基督徒所承受的。信主多年的基督徒,

他可能更明白自己所承受的产业究竟是什么, 但事实上, 我们拥有的是同样的东西。

爱因斯坦曾说:"如果你没法跟你奶奶解释清楚一个东西, 你就还没算真正理解它。"我很喜欢这句话, 因为当你在生活中 真正知道一件事的时候, 那件事会变得很简单。

一个不舒服的神迹

1976 年我们第一次在新西兰遇见杰克·温特, 那时他邀请我们来加入他在美国的事工, 那事工叫做日星事工。1978 年我们就过去了, 到了洛杉矶, 那里热得叫人喘不过气, 然后到了印第安纳波里。我们来的时候买的是单程机票, 那时我以为这是个神迹, 因为作为一个短期或长期的游客入境美国, 都需要提前购买返程机票。桃乐丝·温特来机场接我们, 我们去了他们在印第安纳州马丁斯维尔的事工中心。我们就是在那里开始听到天父的爱。

然而, 我遇到了一个大麻烦。我真的不觉得自己喜欢被呼召进入一个跟爱之类有关的事工里去。我是个神人 (神所重用的人), 不是个神虫 (窝囊废)。这"爱的东西"肯定不是我的菜。对我来

说，服侍就是成为"一台闪亮的打谷机"，我讲出来的道能够 斩断恶者的能力，能够叫魔鬼下跪求饶。当我和蒂妮诗，以及我 们的三个孩子来到杰克的事工中心，我惊讶地发现这事工都是爱啊之类的"爱的东西"。我担心我们已经犯了一个可怕的错误，可是我们回不了家，因为我们没有返程机票！然而，就在我们的不安当中，神却有自己的美意。

没办法，我们只好滞留在那儿，过了一段时间，我开始想怎样将这日子过得更有价值一些。有一天，我跟其中的一个代祷者谈话，我看着她的眼睛，我能看到她是一个真正懂得祷告的人。我想，"我真的对祷告一窍不通，她显然懂得。"于是我决定留下来，然后开始学习祷告。

学习像一个活人那样祷告

使徒行传里有一个故事对我触动很大，说的是彼得有一天上到屋顶，当他祷告的时候，他觉得饿了。我就想，"究竟一个人祷告多久才会感到饥饿？"至少需要几小时吧。我们联想到彼得，他可是一条汉子啊，手上长满老茧，面貌饱经风霜，跟我一样终日在外奔波的人。这类男人，当事情不对的时候，他们都能动手自救。耶稣死后，彼得打鱼去了。他没有钻到床底下哀哭，也没有将自己锁起来读诗歌。我喜欢诗歌，自己也创作了一些，但是， 彼得是一个做工的人，我因此对他很有认同感。我的双手也是长满老茧，我很长时间都以一个专业猎人的身份生活在山里，跟蒂妮诗结婚后我就搞建筑去了。

所以，我对这位粗犷的彼得很有认同感，可是，像他这样的一个在外奔波、活跃积极、干手工活的人，都学会了怎样在自己的祷告生活上耐心。有时候，我们以为那些性格内向学究型的人才能够做那样长的祷告，而在这里我们看到彼得，他居然祷告到肚子饿。这给我很大的挑战。

另一个挑战我的圣经人物是以利亚，显然，他也是一个非常刚强的人。他所做的事情，不是随随便便什么人都能做到的。如果以利亚今天走进我们的房间，我们也许都很害怕看他的眼睛。

让我纠结的是（在列王纪下 1:9），他那时正坐在一座小山上。对我来说，这意味着他是一个祷告的人。他懂得怎样跟神坐在一起。

我不懂得怎样祷告，时间或长或短，我都不懂，这实在挑战我。所以，我想学习祷告。我的目标就是使自己能够像所阅读到的这些属灵人物一样祷告。当时在我们所住的地方，那里有一个地下室，里面有一间小小的祈祷室，装修很棒，里面全是绿色的。于是我想每周六上午，那时这里都没有人，我就可以花时间在里面祷告。我打算将门关紧，一个人待在里面，尽可能长时间地祷告神。

周六快到了，我提前列出需要祷告的事项。所有能够被我列入代祷的事项尽都被我列入其中，这样我可以祷告更长时间。我想，如果我心不在焉，我不需要责备自己，我只要重新专注自己的思想就可以了。想到不需要因着自己的软弱而求神饶恕，我心里就很平安，我所要做的就是照着那列表祷告下来就好了。周六到了，我将自己关进那祈祷室，为所有我所能够想到的事情祷告。

我用方言祷告，我用英语祷告，我唱着祷告，我低头祷告， 我躺着祷告，我在那小房间里跑着祷告。我尽可能祷告得久一些，祷告得尽量慢一些，使得祷告可以久一些。我带着圣经，但我在那里只是祷告，没有读经。过了一段很长的时间，好像永恒那么长，四面墙壁似乎向我迫近。我感到烦闷，变得幽闭恐惧。我冲出门，跑到外面的过道上。我看了看手表，6 点 20 分。而我是 6 点整开始的。

说实话，我不是随意放弃的人，在我学习祷告的时候也是这样。接下来的几周，我一直在想着为更多的事情祷告。每周六， 我就走下去，进入那个祈祷室，因为我已经委身每周六这样做了。

这周六，我走过同样的过程，为我所能想到的每一件事祷告，尽可能慢，用方言、英语、唱歌、站着、坐着、躺着、跑着，各种 组合方式的祷告。最终，那天上午我实在受不了了，冲出了门 外……这次我总共在里面待了二十五分钟。我以为这是一个进步， 但是要达到可以像以利亚那样，坐在山顶祷告上几天，还有很长的路要走。我还没有像彼得那样祷告到肚子饿呢！

这样，我每周六上午都下到那个祈祷室。这并不容易，但我坚持不懈，我想别人可以做到，我也可以做到。我要成为一个神人，而要成为一个神人，让我做什么都可以。

有一天，事情发生了。当我祷告的时候，忽然间，主耶稣进到房间里来。以前我很多次地感受到主的同在，但这次不同，这次层面不一样，我从来没有像这次这样在我独自一人的时候经历主的同在。我曾在一个特会上跟与会人员一起经历神同在的大有能力的场面，但我自己一个人还从来没有过。实在太奇妙了。当祂进来的时候，我的第一想法就是什么都不要做，免得祂走了。我手上拿着圣经，犹豫着要不要打开它。我也没有向祂求任何东西，我不想被人看作自我中心或动机不纯。我就这样站在祂面前，尽力使自己感觉自在些，避免窘态。过了一会儿，祂消失了，像山间的云雾一样消失了。祂走了。我看了下手表。那似乎只是五分钟的经历，却已然经历了一个小时。当时我还不太明白怎么回事，但我渐渐懂得了一个奥秘，不单单是祷告的奥秘，更是基督徒生命的奥秘。

基督徒的整个生命，事实上是专注在一件事上。那件事就是寻求神的面，并与祂同在，学习真实地活在祂与你的同在中。那

天的经历后，每次我下到那祈祷室，我总是在寻求祂。有时祂来了，有时没有，但是祂越发频繁地来到。我越来越学会找到祂了。

有一天我正祷告的时候，事情发生了，这件事改变了一切。这也是我最后一次进到那个祈祷室。耶稣来了，我跟祂待在一起。现在我的祷告时间可以长达三四个小时。那时我在祈祷室内踱步，手里捧着打开的圣经。当我接近墙壁转身的时候，忽然主耶稣对 我说话了。

当时所发生的事，影响并成就了现在的我。不仅如此，当时我还不知道，后来却影响了千千万万人的生命。祂用一种极为挑战的方式跟我说话。祂问了我一个问题，那问题直震撼到我的内心深处。那个问题只有五个字，蕴含的意义却极为丰富。记得吗， 我

一直在关于领受天父的爱的事情上很挣扎。耶稣的沟通真是完美，我所能描述的是，祂的同在变得非常用心和刻意。忽然间，我感到自己站在聚光灯底下，感到祂非常专注地看着我，看我如何回答祂的问题。

不知为何，我知道祂能看清我的想法和感受。我内心里的一切动静在祂眼中都是赤裸裸的。我有点害怕祂这样看着我。祂的眼光好想探照灯加上 X 光。希伯来书 4:13 说，"并且被造的没有一样在他面前不显然的。原来万物在那与我们有关系的主眼前，　都是赤露敞开的。"让我觉得害怕的事就是我开始明白这句话的 真实。我完全暴露在祂持久的凝视中。我站在那里，想着如何回答这个问题。那问题非常简单，但很难回答。

祂只是问我："詹姆士，你是谁的儿子？"

如果祂问一个稍微不一样的问题，或者祂用另一种方式问，　我就很容易回答了。如果祂这样问我："詹姆士，你父亲是谁？"

我可以回答祂："我父亲是布鲁斯·乔丹。"这毫无疑问。布鲁斯·乔丹**是**我的父亲。我可以轻松回答说，"是布鲁斯。布鲁斯·乔丹是我的父亲！"可是，祂并没有问我的父亲是谁，祂问的是我是**谁的儿子**。我意识到，当祂问这个问题的时候，我**已经没有**做我父亲的儿子了。

对父亲封闭我的心

我清楚地记得，当我十岁的时候，坐在一张理发椅上理发。我的手搁在那理发椅的扶手上，那扶手上的皮已经老旧。我们镇上每个成年人都拥有一把来福枪，用来狩猎和常规射击比赛。这理发师是镇上最著名的猎手。他进山打猎，除了他的来福枪、毯子、一袋米、一点盐，什么都没有带，而且一去就是几个礼拜。我母亲是镇上最棒的射手，她实在是"安妮·欧克丽"真人版。 她出去打野兔，下午回来就可以带回六十至九十只野兔，每只兔子都是头部中枪。我至今还留着她的来福枪。

那理发师给我剪发的时候，另一个男人进来跟他谈了起来。"你这次猎鹿怎样啊？"理发师问。那个男人接下来说的话改变了我的一生。他说这次的猎鹿很糟糕，因为政府来的高手几乎将鹿都射杀了，没留下多少。这些猎鹿高手原来是政府雇佣的，他们住在山里，随时射杀野鹿。他们只干这个，平时待在木屋里， 睡在岩石下边。当我听着这些的时候，我立刻知道了，最好的射手原来是政府精心选拔的，他们比我们镇上最好的射手还要棒，因为他们射杀了山里几乎所有的野鹿，没有留下多少。那一刻开始，我就想只身住在山里，成为政府的射鹿高手。

我喜爱山，但那真正吸引我的是，从种种的复杂的人际关系中脱离出来，山里的生活方式能够保证这一点。我发现人们会伤害我，我想如果我能活在没有人的地方，那就可以没有痛苦了。我绝大部分的痛苦都跟父亲有关。当我听说还有政府猎手这样的职业的时候，基本上我已经不再打算努力读书了。每次我拿到成绩单的时候，老师对父母说："詹姆士在班上学习能力是最强的，只可惜他不用出来。"我几乎不用上学也能学习，并且考试都能过。因此很多时间我都在校外，我想快点打发掉时间，到了十八岁，我就可以成为猎鹿高手了。事实上，我十七岁就已经成为猎鹿高手了。十岁以前，父亲对我伤害很深，我的心从那时起就完全对父亲关闭了，也是从那时开始，我已经不再做他的儿子了。

现在，主耶稣对着我问："詹姆士，你是谁的儿子？"我立刻意识到祂在寻找一个名字。这问题极其明确。**"詹姆士，你是谁的儿子？给我一个名字！"**

我立马想要告诉祂的是："我是布鲁斯·乔丹的儿子。"但我立刻意识到我不能那样回答，因为耶稣正察看着我的心，祂清楚我已经不做父亲的儿子了。

这个问题搅动了我的心底，泛起一些沉淀的东西。在过去的几个月里我一直在读约翰福音，对耶稣说的祂跟祂的父亲的关系感触至深。耶稣所说的，我都用下划线标上。像这句："我常作祂所喜悦的事，"还有，"我有食物吃，是你们不知道的。我的食物就是遵行差我来者的旨意，作成祂的工。"我忽然意识到，遵行祂的父亲的旨意，对耶稣来说是那么满足，甚至祂连饥饿的感觉都没了。反观我跟我父亲的关系，我开始意识到那简直是天差

地别。我终于明白神真正要问我的是："詹姆士，你做了谁的儿子，像耶稣做我的儿子吗？"这才是祂真正所要问的。

主耶稣正将祂的指头点在我的痛处上，好预备我领受天父的爱。我对待父亲的态度成了我领受天父的爱的巨大拦阻。

我的父亲

有关我父亲的一个令我难忘的记忆，就是他喜欢制造争端，尤其是在他喝醉的时候，而这又是经常的。不管人家说什么，他总有相反的看法，激怒对方，引发争吵。当我还是个小孩子的时候，我还不能理解这些困扰我父亲的问题。我只是单纯地以为他不喜欢我。他常常激怒我，气得我全身发抖，都快发飙了。当他引发争吵的时候，我听到他说的所有的话就是我是一个傻瓜。"**你脑袋有问题啊**。**你是个傻瓜**。**你太烂了**。**我不喜欢你**。**你神经了**。

你毫无条理。**你有病啊!**"打那以后我就学会了争吵。争吵事实上跟话题没有丝毫关系。话题只是争吵的工具，那争强好胜的人使用这工具，使自己能够占上风。争吵实际上是权力斗争。

毫无疑问，我父亲是有些问题。我同样也有问题，而我那时还是个小孩。可是，当他用一个成年人的声音，成年人的思想，以及他的强势个性刺激我的时候，那简直会把我逼疯了，有好几次我真想抬脚踢飞柜门。我真是气急，摔门而出，跑到我家后面的山里，抽泣痛哭，直到我的心平静下来。当我看着家里的灯都灭了的时候，我才回来，爬进自己的卧室睡觉。没有人关心我是否回家了。家里的关系会紧张好几天，然后慢慢平息下来，直到下一场争吵。我渐渐长大，而我的心已经向父亲关上了。

出自意志的饶恕

我信主后不久，有一个人来到我们的教会讲道。他讲的信息基本上是这样的："**你必须饶恕那些得罪你的人**。**如果你不饶恕，神也不会饶恕你**。"我理解他所讲的。这段经文我读过很多次了，但一直把它解释为是一件与永恒归属相关的事。如果不饶恕，就可能会失去你的救恩。对这节经文，我真的想不到还有其他的解释。

如果有什么话题能使我着迷的话，这个就是了！我相信全世界有很多的基督徒在何谓**饶恕**的这件事上被误导了。很多基督徒以为他们已经饶恕了某人，可事实上，他们心里并没有饶恕。他们相信事情已经搞定了，因为他们已经照着所教导的方式走过了饶恕的程序。当我听这个讲员讲道的时候，我感到了巨大的压力，非得饶恕我的父亲不可，不然就会失去我的救恩。我整个人被困住了！我很想离开那个房间，但是却不能。我觉得如果我离开那个房间，就会离开基督信仰了。于是我留了下来，可那压力让我感到越来越糟糕。

事实是，我内心其实不想原谅我父亲。我身上没有一根骨头乐意去原谅他。而那讲员非常坚定，非得让我去原谅不可。

饶恕不在于意志

最后，聚会结束的时候，那讲员说："谁需要原谅人的，现在到前面来。"我就上去了，内心还在跟自己打仗，教会里的一个长老走过来，站在我身边。最终，僵持了很长时间，我还是没法说出饶恕父亲的话，于是这位长老就说："詹姆士，使用你的意志。"

当祂这样说的时候，我知道这就是我能走出这个房间的钥匙了，因为我很懂得怎样使用我的意志。有好几次在山里的时候，天气突然变坏，河水泛滥，我浑身湿透，冷得要死。这种情形下， 如果在夜晚降临前还不能走到一间远处的棚屋里，你就别想熬过那一夜了。于是，你会发动你的意志，下定决心，穿越暴风骤雨直到抵达棚屋。这样的场景对我来说是很真实的，所以我很懂得什么是将意志转化成行动。这样，经那长老那么一说，我就关闭了情感，立刻将意志转为行动，开口便说："奉耶稣的名我饶恕我的父亲。"顷刻间我放松下来了。泪水止住了。我很开心。我 觉得自己永恒的救恩保住了。

回到在祈祷室的那一天，当主耶稣问我是谁的儿子的时候， 我意识到在我内心里还有很大的跟父亲关系上的问题。我已经不是他的儿子了。我已经跟他没有联接了，甚至我都不想跟他有任何的关系了。跟他之间的争吵时不时还会发生。直到那一天我才意识到，我之前对父亲的口头饶恕只是虚饰而已。

很多人被误导，以为饶恕是一个选择或决定。以做一个决定或选择开始饶恕，那是好的，但饶恕并不仅仅只是一个决定或选择。当我们说"我原谅你"这话的时候，通常是一个意志上的行动，跟真正的原谅还差很远。

关于在那祈祷室里发生的事，让我暂停一下，到下一章的时候我们再继续，我要在本章中让大家进入我所要跟你们沟通的话题的本质里面去。

是靠意志来饶恕，还是从心里饶恕

很多人相信，他们原谅一个人，仅仅是一个简单的决定罢了， 他们使用意志，并且说了原谅的话。

"饶恕"这个词已成为一种陈词滥调，以致绝大多数基督徒都以为自己懂得什么是饶恕。我在这里透过文字想要说的是很不一样的。事实上，我不曾听过任何一个讲员讲过我接下来所要讲的。

马太福音 18 章，故事的前半部分始于 21 节，那时彼得来问耶稣一个关于饶恕的问题。圣经这样叙述："那时，彼得进前来，对耶稣说：'主啊，我弟兄得罪我，我当饶恕他几次呢？到七次可以吗？'"

那就是彼得问的问题。他的意思是说："主啊，这饶恕的事到底要做到什么程度呢？我究竟必须饶恕多少次呢？"

从彼得提问的方式我能感受到他的不情愿。很有可能，彼得曾经亲眼目睹耶稣对待那个在犯奸淫时被捉拿的妇人，以及许多类似的事上，所显露出的恩慈。还有当那个人被人从屋顶上缒下来，要得着耶稣的医治，耶稣对他说的第一句话是，"小子，你的罪赦了。"那人甚至都没有求赦免！彼得亲眼见过耶稣非常自在慷慨地饶恕罪人，施恩怜悯。他可能看多了，就想："耶稣，你还要怜悯饶恕到什么地步？你这样一味地饶恕，那怎样解释神的律法的要求呢？"当彼得提出这个了不起的问题时，就暴露了他的内心。耶稣回答他的是："我对你说，不是到七次，乃是到七十个七次。"

我从来没有相信过耶稣的意思就是要饶恕四百九十次，超过这个次数彼得才能摆脱困境。耶稣真正说的是，饶恕人是没有止境的。他的回答揭示了一个事实，那就是关于饶恕的事，彼得还是一窍不通。

照着今天对饶恕的普遍理解，会得出这样的结论，那就是， 要在同一件事上饶恕同一个人七次，实在太难了。有人冒犯你， 那都是伤啊。或这样或那样，都伴随着疼痛。那么，每次重复不断地饶恕他们，不跟他们计较，放下他们，伤害却是不断重复， 且越来越深。通常两到三次我们就会警告那人，而友谊也就终止了。所以，当彼得问："主啊，到七次可以吗？"他以为他已经非常敬虔了。而事实上，他这样说的时候正显出他完全误解了饶恕的真意。耶稣所说的恩典、怜悯与饶恕完全是另一个层面的事。

好怜恤

要搞清楚耶稣的意思，让我们看看弥迦书 6:8。很多人将这段经文挂在墙上。

"世人哪，耶和华已指示你何为善。祂向你所要的是什么呢？只要你行公义，好怜悯，存谦卑的心，与你的 神同行。"

好怜悯！！怜悯是一颗愿意看到有罪的人得释放的心。这个才是饶恕。神的愿望就是我们乐意饶恕。不是你必须做，而是你乐意做。神所要这样的心就是一颗乐意饶恕的心。

如果你喜欢一件事，你就会不停地做。每次只要得着机会你就会去做。不仅如此，你还会主动找机会去做。当彼得问："主啊，我弟兄得罪我，我当饶恕他几次呢？"他其实想说的是："**这**

实在太难了。我实在不喜欢，我发现那太难了。我不想饶恕。"而耶稣的回答却是："彼得，你还没有懂得饶恕的真义。"

耶稣接下来讲了一个故事，来帮助彼得理解其中的不同。而我们经常没有抓住耶稣的意思。彼得还不明白饶恕究竟是什么，　他以为饶恕是透过人下定决心不做心中**真正**想做的事而成就的。有人告诉我说："有人这样伤害了我，我想象这辈子每天我都得饶恕他们。"是的，饶恕有一个过程。在原谅我父亲的事上我整整耗了半年时间。我不是说不需要过程，过程确确实实是需要的。主耶稣开始带领我走过马太福音接下来的几节经文，使我能够照着神所要我做的那样饶恕父亲。祂要我们一步步来，从选择去饶恕开始，然后用爱心去饶恕，直到我们进到**喜欢**饶恕的地步。从其实不愿饶恕的意志行为，到从心中乐意饶恕，以至于可以无数次地饶恕。

今天绝大多数的教会教导说，饶恕是一个选择，是意志行为。耶稣不认同，祂说饶恕是人内心的事。

饶恕意味着免债

在这段经文里，耶稣看到彼得把饶恕当作一条非常难的命令来遵守，于是就讲了一个故事，来解释并引导彼得到那乐意饶恕的地步，就是从内心里去饶恕。让我用自己的话来讲讲这故事。

有一个王，他有一个仆人盗用了国库的巨款。不管他是拿去赌，还是投资失败，或者吃喝玩乐，反正钱都被他花光了。当他被发现的时候，他就央求王赦免他。王就赦免了他，免了他的债。

这个仆人出来没多久，遇见一个欠了他一点钱的人。这人也求他

免了这点债务。可是这个仆人就是不饶恕他，还把他扔进了

监狱里，等他还债。这件事被王知道了，王就召回这仆人，对他说："我饶恕了你所有的，而你居然不饶恕那欠你一点点的人！"于是，王就把他扔进监狱，让他在里面受尽折磨了。

故事就是这样的，34 节说到："主人就大怒，把他交给掌刑的，等他还清了所欠的债。"耶稣接着道出了也许是新约圣经中分量最重的一句话："你们各人若不从心里饶恕你的弟兄，我天父也要这样待你们了。"换句话说，除非你从心里饶恕，不然你会受尽折磨。耶稣讲这个故事的目的，就是要教导我们怎样从心里去饶恕。

我们最终必须来到这样的一个地步，就是**从心里饶恕**。事实是，**你的意志并非你的心**。你的意志是你的意志，你的心才是你。你想一想就能明白，因为人是可以控制自己的意志的。你可以决定用意志去做或不做某件事。很多人用意志选择了去饶恕，却并没有从心里饶恕，这样，他们仍旧活在某种折磨之中。他们以为，   **"这肯定跟饶恕无关，因为我已经饶恕了。我已经作出了选择，所以，对我来说，饶恕已经结束了。我现在生命中的问题肯定跟饶恕**

无关，因为我已经按照我所接受的教导饶恕了。"事实上，还是饶恕的问题，而他们不能面对它，因为他们相信自己已经完全饶恕了。

让我们回到那故事里来，主耶稣藉着这故事带领我一节一节地

走过, 帮助我饶恕我的父亲。

"天国好像一个王要和他仆人算账。"

当我读到这节的时候, 主耶稣非常清晰简洁地跟我说: "詹姆士, **当你阅读这个故事的时候, 把你自己看作是那个王。**"这王

非饶恕人不可, 为了能够明白个中机理, 我们需要将自己摆在这个王的位置上来走过整个故事。

当我将自己放在王的位置上的时候, 我的父亲就成了那个仆人, 他从我这里窃取了很多。出于某种原因, 王想要算一算他王国的账, 弄个清楚。若是有什么地方出了差错, 他就想要矫正好。他想要将那些不清不楚的账弄清楚, 并且弄对。他要使他的王国是公平正直的, 他已下定决心要这么做了。

所以, 当你阅读的时候, 你可以将自己摆放在王的位置上。你可以说: "主啊, 我要将我生命中所有的账户弄清楚弄正确。如果还有什么没有真正饶恕的, 请你让我知道究竟是什么。如果我曾经自欺, 或者我没有看清楚, 主啊, 你可以提醒我吗? 这样, 　今天我就能开始面对它。主啊, 我要将我的王国的账算清楚。"

那故事继续: "才算的时候, 有人带了一个欠一千万银子的来。"这相当于今天的一亿美元! 显然, 这个仆人在王国里是一个被信赖的, 职位相当高, 是个举足轻重的人。

最糟糕的冒犯, 就是那些伤害我们最深的, 往往来自我们最亲近和最信任的人。通常, 当你对一些人不信任的时候, 他们反对

你只是印证了你的预估，而如果你原来是信任他们的，那疼痛就很深。故事里的这个仆人跟王的关系相当不错，十分亲近。他是被王信任的，可是，他却被发现从王那里偷了不少钱。

这就是为什么当有人冒犯你的时候你会觉得痛。因为他们冒犯你的时候，他们就从你的生命中拿走了一些东西。你生命中的一些东西被他们偷走了。

你不需要参与服侍太长时间就会发现，一些人被严重地冒犯和伤害了。他们生命所遭受的损伤可能是毁灭性的。当人冒犯你的时候，他们总是从你的生命中偷走一些东西。

我跟我的妻子蒂妮诗曾经服侍过一个住在明尼苏达州的老太太，那时她八十三岁。当她还只有三岁的时候，就被强奸了。她根本没有想到这件事会跟她来找我们所要谈的事情有关系。她的问题是，她结婚五次，而每次婚姻的结局都是她的丈夫提出离婚。她的心都碎了，因为这些男人，她真心爱的人，都拒绝了她。而这些男人都说出同样的事情，就是她不晓得怎样活得像一个妻子那样亲昵温柔，以致他们最终放弃了她。当我们听她讲述自己的故事，我们才晓得她在三岁的时候遭人强奸的事。她看不见这件对我们而言越来越明晰的事，就是她婚姻的问题，源于一件事，　以这件事所产生的影响，而她的一生伴随着孩童时期被虐待的印记。

三岁时所发生的事情摧毁了她内心中的某些女性特质，摧毁　了她的女人气质。夺走了她的一种能力，就是与人自由相爱，享　受亲密关系的能力。这能力从她的生命中被偷走了，甚至她做奶奶的可能性也都被偷走了，一个稳定的婚姻所能带来的一生之久　的益处也都从她的生命中被偷走了。作为一个八十三岁的老太太，　她没有这些东西。这些东西在她三岁的时候就全被偷走了。

我环抱着她，求告天父爸爸，倾倒祂的爱进入到她三岁时的心里，医治她的创伤。那天神迹发生了。这个老太太突然开声笑出来，好像一个三岁的小女孩那样吃吃傻笑。她笑得非常开心，控制不住地吃吃傻笑。然后她停了下来，神情非常认真地看着我们，说："神为什么用这么长的时间来医治我？"我无从回答她

的问题。我想我所能告诉她的是："没事，虽然姗姗来迟，总比没有来好啊。"她听了后立刻又开始笑起来，说："对！迟到总比没有来好！"当我们听到她也这么说的时候，真的为她开心。她被医治了。

当人冒犯我们的时候，其实质是，他们从我们的生命里偷走了一些东西。

如果我们不晓得什么东西被偷走了，我们便无从免债。

太多人的道歉太快并敷衍了事了："兄弟，对不起。请原谅我。"我们知道这就是我们基督徒所该请求的。我们也知道我们基督徒的回应应当是，"没关系，我原谅你"，我们以为这就完事结束了。但事实上，绝大多数的情况下，彼此之间的关系并没有得到医治。原因是我们尽管从口中说出道歉的话语，却没有弄清楚究竟做错了什么。因为这样的缘故，在基督的身体里，就存在着很

多非常肤浅表面的关系。内心里的创伤从没有得着医治。**如果我们不晓得什么东西被偷走了，我们就无从免债。**

在这个故事里，一万他连得被偷走了。这个王要赦免，就意味着他要免去相当于一亿美元。那可是一笔大钱啊。

从心里饶恕需要你付出代价

让我使用一个小事例来作个讲解。想象有一天我从你家经过，我决定进去，然后向你借二十美元。当我走近你家的时候，发现你不在家，而门却开着，我看见你的钱包放在桌子上。我看了看，　然后告诉自己："如果他在这里，他会给我那钱。他是我的哥们，　　那我直接拿也是没事的。"于是我走进去，拿了二十美元，花了，　花光了。

等你回来，你发现你钱包里少了二十美元。你会想："有人偷了我的钱! 我不该将门开着。"可是，第二天，圣灵感动我，　　使我意识到我犯了罪。我所做的其实不是借钱，而是偷窃。于是我来找你，跟你说："兄弟，对不起，昨天你出去的时候，我进入了你的房子，从你钱包里拿走了二十美元，我花了，并且花光了。你能原谅我吗? "

现在你有一个选择，而这个选择会触及你的情感问题，因为　多多少少那二十美元与你是有情感关联的。要真放下那二十美元，　你就必须免债。如果你不饶恕我，我就得偿还它。若不饶恕，那　就要求犯罪的人物归原主。若是饶恕，那就免债。在饶恕的事情　上，对我们来说有一件困难的事情，那就是无罪的人

为犯罪的人　偿还。一路走来都是这样的。我们从耶稣的生命中看到这一点。祂对罪人的饶恕，其代价却是祂的生命！你要饶恕人，并好怜悯，　　那就意味着放弃公平。赦免我，意味着你得付出二十美元的代价。

然而，赦免的美妙在于：当我们赦免一个人的时候，我们就更像耶稣。当我们免去一个人的债的时候，当我们替对方的罪行付上代价的时候，会使我们跟耶稣的联接更加紧密，使我们变得更像耶稣。

这样，你可能会想："二十美元算什么呢？詹姆士跟我是什么关系啊，何况他不是一个坏人。尽管他做错了，没事，我免了他的债。"于是你说："没事，我原谅你。"于是我走开了，我里外自由了，我再也不用偿还那二十美元了。

好，让我对这个故事做一点的更改。当我进入你家里的时候，我从你的钱包里拿走了二十美元，同时我发现你钱包里有一张 VISA 信用卡。而且，你还把信用卡的密码写在卡背面。于是我

拿了信用卡和二十美元，我去到银行，从你的银行户头里取走一千美元，然后回来，将信用卡放回你的钱包。我拿了那二十美元，　　花了，全部花光，总共一千零二十美元，全被我花光了。第二天我意识到自己犯罪了。然而，当你回到家的时候，那张信用卡还在你的钱包里，你钱包里仅仅少了二十美元。你还不知道你已经失去了一千美元，要到下次你查看银行户头状况时才会知道。

第二天，圣灵感动我认罪，我就去找你，对你说："兄弟，对不起，昨天我偷了你的钱。你能原谅我吗？"注意，我没有说出具体的东西，就是我没有说我拿走信用卡的事，于是，你以为那只是二十美元的事情。而事实是，我偷了你一千零二十美元，而我要求你赦免我所有从你那里拿走的。这样，当我对你说："兄弟，我从你那里偷了些钱。你能原谅我吗？"而你说："不就二十美元吗，咱俩谁跟谁啊，没事，詹姆士，我原谅你了。"

我问你，我被原谅了吗？没有！我并没有被原谅。

你无从饶恕我，除非你清楚究竟什么东西被偷走了。你确实为那二十美元赦免了我，但，当你拿到信用卡清单的时候，你得从头再来一遍。这次面对一千美元和二十美元的差异，你可能会感到纠结了。你的生命将面临最真实的疼痛。可能那一千美元刚好是你预备用来度假的，或者用来购买一件对你来说非常重要的东西。一千美元不是一个小数目。在你的心中，现在，要赦免我，的的确确是一件很不容易的事了。

你看到了吗，我们很多人，在为某事赦免某人的时候，都没有弄清楚究竟什么东西被偷走了。

在赦免我父亲的事情上，主耶稣带着我一同走过，在这个过程中我才发现了这一点。我曾经在教会前面跟着那个长老说过，

"奉耶稣的名我饶恕我的父亲"，而事实是，当我努力说出这句话的时候，从前深埋在内心里的许多伤痛一下子涌上心头。而如今当我读这几节经文的时候，主耶稣开始让我认识到，我的父

亲并没有能力成为我所需要的父亲，以及因此我所要付上的代价。

我开始意识到，如果我父亲能够在我们争吵过程中对我说上这么一句话："儿子，我并不想跟你争吵，我爱你。你是我的好儿子。你很聪明。我喜欢你。你是我的儿子。"那结果会大不一样。可是他就是一直嘲笑我，简直要把我逼疯了。

有时候我看着自己十几岁时的家庭照，几乎每一张照片上，我的脸都没正对着我父亲。看着那些老照片，我都快哭出来了。我感到自己是一个很可怜的孩子，一个受尽创伤的小孩。假如那时候，父亲从我身边走过，能够将他的手搭在我的肩膀上一下，都对我的生命有着重大的意义。如果他能够告诉我他爱我，哪怕他只是坐下来，问我说："儿子，今天过得怎样？"事实上我父亲并不是一个坏爸爸，却完全被第二次世界大战给害惨了。如果他能做一个更好的父亲，我的生命也许会更好。我父亲从没有对我有身体上的暴力，但是他的话语却常常是残忍并伤人的。我开始思考因为这样的一个父亲我所赔上的代价，于是我越发气愤了。

我的父亲无法偿还

当神带着我计算那代价，整个过程走过来，好多次我都想乘上一架飞机赶紧飞回家好了。好多次我气极了，很想揍我父亲几拳。我内心深埋如此多的怨恨，我对此也感到震惊。我感到太心碎了。我需要一个父亲，而我父亲却没有能力成为父亲，于是我开始计算我因此所要付出的真实的代价。

我们继续马太福音 18 章的故事，在 25 节，这样说到："因为他没有什么偿还之物（他，指的是那偷了一万他连得的那个仆人），主人吩咐把他和他妻子儿女，并一切所有的都卖了偿还。"我希望我父亲遭到报应。如果我们心里不饶恕人，我们就想要那人为他所做的进行赔偿。可那头几个字很震撼我，"因为他没有什么偿还之物。"这人确实偷了一大笔钱，而且钱都没了。他无 力偿还。

在接下来的几周时间里，这句话一直盘旋在我心里："因为他没有什么偿还之物。"神就开始提醒我有关我所听到的父亲的 事情。在战争中与我父亲在一起的人，我的叔叔们，我们的姑妈们。我开始以不同的眼光来察看我父亲的人生。我记起了我的姑妈们（就是我父亲的姐妹们）说到我父亲的时候那种讥笑的口吻。我父亲 16 岁的时候就不得不离开家了。他被送到一个很远的城市，在当时那是很远的地方，一年只能回来一次。那时他住在离工作地点比较近的一个老太太家里。他做着他所讨厌的工作，在家也了无兴致。他每年回家一次，他的妈妈会握手问候他，一周后，再握手跟他说再见。若干年后，我父亲才告诉我，只有一个人对他说过"我爱你"，那就是我妈妈。

当他十七岁的时候，第二次世界大战爆发。他立刻加入卫国义勇军，并且受训，被差遣参加太平洋列岛战争。之后他去了埃及，加入盟军，在意大利打仗，他一直待在意大利，直到二战结束。有一次他回顾自己的亲身经历，当时他怎样看着自己最亲密的战友被坦克炮弹炸死。我记得他这样说："连他衣服的半个碎片我们都没有找到。"他后来成为一名重型火炮的侦察员，定位敌军

的位置，然后下令开火，让炮弹击中目标。绝大多数情况下他们都看不到被炮火横扫过后的地方，但有一次例外，他们经过

一个被他们摧毁的村庄。他看到街上妇人与孩童们的破碎的肢体。在那条街上，一个男人也没有，也没有敌人，只有妇女和孩童！　那时我父亲十九岁，毁灭这个村庄的炮弹就是在他的指导下发出 的。

我常常回头看，心想那天如果我是神，能看见我父亲的心，　当他们走过那村庄的时候，我会对他有怎样的感受呢？我想我对所发生的一切感到气愤，看着他亲手所做的，他所参与的事，我会为他感到悲哀。我父亲从战场上回到家里，他很需要被爱。他很快就跟我母亲结了婚，几年里他们就生了三个孩子。他开始酗酒，并且越喝越多，因为他难以平复内心的痛苦，以及过往伤痛的记忆。在我父亲的内心里他在跟这个世界争辩，为着自己所经历的不公平的人生。因着他里面深深的不满，他把每一件事情都变成了争吵。他有三个孩子，他们需要这个父亲来爱他们。可是，　他却没有爱能够给出来！

当我读到这句话，"因为他没有什么偿还之物"，我意识到我父亲事实上没有能力成为一个父亲。他没有爱可以给出。他无法偿还他所欠我的。

你不可能给出你没有的东西

要知道，你无法给出你从未接受过的东西——可是，我们经常把事情想得太过简单："为什么他们不能那么做呢？那很简单

啊。"可是，如果你从来没有接受过，那就不那么简单了。我父亲从没有听到一个人跟他说"我爱你"。他从没有经历过他自己的父亲用手搭在他肩上说："儿子，我真为你感到骄傲。"他心中所有的，就是跟这个世界的争辩。**他没有能力偿还**。我开始看我

的父亲就是另一个曾经受苦的人，他并不完美，像我一样，对生活中种种的无常境遇招架不住。

那仆人的主人就动了慈心，把他释放了，并且免了他的债。(马太福音 18:27)

那主人就**动了慈心**。当我意识到我父亲实在没有能力偿还我的时候，在一生中头一次我开始同情我父亲。我从来没有从他的角度来思考问题。我想如果我能够从神的角度看事情，并看清我父亲人生中发生一切的事情，我对他的态度会很不一样。

真正的盗贼

有一个盗贼要偷窃我们的心。他要来偷窃、杀害和毁坏我们的心。他来不是要偷你的车，他来要偷窃你的心。他来不是要毁坏你的电视机或别的东西，他来要毁坏你这个人，他来杀掉你心中所有的良善、所有的敬虔、所有的仁慈、所有的友善，以及所有的温柔。他来要毁坏你生命中任何与神相关的一切。

作为基督徒，我们有信心的盾牌，可以抵挡仇敌射来的火箭。我意识到我父亲连一副盾牌都没有，从仇敌射来的火箭都射中在他的身上。撒但实在是不择手段，毫不留情。对任何人他都没有缩手，从不收敛自己的恶行。对那些最单纯无辜的孩子，他的

手段更是骇人听闻。从我父亲出生，甚至出生之前，他就开始攻击我父亲。每一个伤害过你的人，事实上都是曾经被撒但击伤过的。撒但一直在攻击和摧毁你的父母，以你所无法理解的方式。撒但将你父母成为他们心中梦想的父母的潜力都偷走了，以致他们无法成为你所需要的父母。

这样，从我开始理解我父亲的生活中的一些事，我开始看见他跟我是一样的。跟这个世界摔跤打仗，努力做到最好，但他就是没有能力成为我需要他成为的父亲。第一次，在我的人生中，我开始同情我父亲。在我人生中，第一次，我开始为我父亲祈求神。我的祷告是这样的：

"主啊，我要我的父亲得蒙祝福。我要我父亲幸福。我不要　我父亲再背负那个罪疚。我不要他缺爱。我再也不要他孤孤单单一个人了。我要他蒙爱。我要他被原谅，就是他从前所做的事，还有所有在战争中留下的那些困扰他内心的事。我不要他继续把这些事情放在心里，所有导致他酗酒而自我麻醉的事情，我不要他再遭受自责。主啊，我求你饶恕我父亲所做的那些事，使得他能够完全放下它们、甩掉它们，活出自由。主啊，你可以赦免他所犯的罪吗？你能赦免他所做的一切事情吗？我甚至不愿意他因自己未能做好父亲这事而感到内疚，因为这对他实在是雪上加霜。我要他从一个失败的男人、失败的父亲、失败的丈夫这些感觉中脱离出来。我要他完全得自由！主啊，我要他蒙福。主啊，　我全心原谅我的父亲。你原谅他吗？"

当我这样祷告后，我意识到自己真正愿意父亲被神赦免，因着得着耶稣的缘故被神赦免。他实在担当太多了，**我只想要他得自**

由。我可以告诉你——经历过这样的饶恕，你将会**喜爱**饶恕人。当我说"主啊，我全心原谅他"的时候，一件我意想不到的事情发生了。

忽然间，我感到自己的内心极其空虚。我感到自己非常孤单脆弱。我感到自己像一个完全没有受保护的小孩子。当你没有从

心里饶恕一个人的时候，你正紧紧地抓住那个人所欠你的。当你放手时，忽然间你的内心空了。

我原谅了我的父亲，免去他欠我的债。我不再追究他作为父亲的责任了，我从心里将我父亲放下了，从他根本做不到的期待中放下了。我停止任何对他的期待，因为任何的期待对他来说都是另一个沉重的负担。我将他从将来有一天能够弥补我的期待中释放了。于是，忽然间，我感到完全的空虚和孤单。我感到自己像一个无人看护的小孩子。

就在这时刻，这样的感觉向我袭来的时候，忽然间我得到了一个奇怪的异象。在那异象中，我是一个学校的老师，在一个大约有三十来个孩子的教室里。我在向这些十二岁的孩子们呼喊：　"谁是我的父亲？"孩子们困惑地看着我。他们只不过是孩子啊。他们怎能做我的父母呢？我还是不断地向他们呼叫："谁是我的父亲？"当然，他们不知道我在说什么。然后我注意到，在他们的后面，就是教室的最后排，有一只手举起来了。我的视线越过孩子们的头，看到我们的天父爸爸正坐在教室最后面的地板上，靠着墙。然后祂说："詹姆士，我要做你的父亲。"

心的饶恕，是完全地放下对方，让对方自由，从心里释放他。当你的心与某人在不饶恕中联接时，你就没有自由与天父联接。神愿意心对心地认识我们，像父亲一样。当我们将我们的父母从心中释放的时候，我们的心就会自由舒展开来，以至于能够联接于我们的天父爸爸。祂这样对我们说："我就收纳你们，我要作你们的父……你们要作我的儿女。"（哥林多后书 6:17-18）你有一个天上的父亲，祂渴望深情并亲密地认识你。是时候了，让我们从心里彻底饶恕人，并让他们从我们的心里走出去。

4

儿子的心

~

现在我要将那天早上发生在那个祷告室里的故事讲完。这对于带领我经历天父的爱实在是意义重大。

当神提出那令我震惊的问题："詹姆士，你是谁的儿子？"那实在是个最不可思议的沟通。我知道神在问我："你一直以来是在作谁的儿子，就像耶稣作我的儿子一样？"我站在那里很久，心中闪过许多的事，仍旧找不到答案。这个问题将我完全震慑住了，我努力寻找这个问题的答案。那时我头脑里想到两件事，就好像两片 CD 在反向快速旋转一般，我几乎想到我所能够想到的一切，要得到一个答案，可以满足这两方面。我要说什么呢？那是一段非常紧张的时光，我清楚神对我的内心看得一清二楚，祂知道我的想法，我的感受。就像探照灯一样，祂探视着我的内心，看着我对那问题的回应。

"詹姆士，你是谁的儿子？"面对这个问题，第一个闪进我 的头脑的是一个名字，而我想到的第一个名字就是我父亲的名字。我想我可以对神说："我是布鲁斯·乔丹的儿子。"但是，当我正这么想的时候，我意识到我无法这样说，因为很久以前我就停止了做我父亲的儿子了。当然，从出生来讲，我的确是他的儿子，但像耶稣是天父的儿子那样，那我真的不是我父亲的儿子。于是， 我将这个答案从我的头脑中抹掉，转头寻找别的答案。

下一个进入我脑海里的人，是以前教会里的一个长者，我们在那个教会信主。他是一个很不错的人。他的名字叫肯·怀特。 他一直在圣灵里行走多年。受洗的时候也是他给我施洗的。我记得有一次我看到他两年里的服侍行程安排，他要走遍世界许多国家。两年内在任何一个地方他不会停留超过四天，他探访了上百个国家。当他讲道的时候，我们好像干渴的人得到滋润，他里面的圣灵就洋溢到我们的生命里。我们对他的印象太深了，他生命中有一些东西，可以说是对我们有父亲的心。

所以，当神问我"詹姆士，你是谁的儿子？"，我忽然间想到我可以说，我是肯·怀特的儿子，但是，再次地，就在我想要这样回答的时候，我意识到我做不到，因为（尽管我已经将关于肯的一切都搜罗思考了）面对他的时候，我确实没有一颗儿子的心。耶稣对祂的父亲说："我乐意遵行你的旨意。"而我却从没有想过要讨肯的喜悦。于是我意识到："我也不能对神那样说。那还有谁是我可以说的呢？我不能说我是布鲁斯·乔丹的儿子，我也不能说我是肯·怀特的儿子，那我该说我是谁的儿子呢？"

我能想到的唯一的另一个人就是内维尔·温格。我们以前都喊

他"内维尔叔叔"。内维尔叔叔以前在新西兰拥有一个成功的

汽车销售生意，后来他将整个产业卖掉了，在新西兰的一个海岛上买下一个农场。那是一个不景气的农场，坐落在山村边上，占地约八百多英亩，风景优美，海岸线此起彼伏。他跟他的妻子多特搬去那里，多年来，他们家不停地将当地的流浪孩童带回自己的家里。内维尔和多特对孩子们很有爱心，他们带这些孩子们到自己的家里，尝试跟他们一起相处。为此他想要找一个地方，将这些孩子们带来，使他们不再流浪街头，而在自己的家中被照顾。他也想要有一个活动中心，还想要有一个新西兰复兴中心，他买下这个农场，就是这个目的，以实现他的理想。

内维尔是一个非同凡响的人，他在新西兰是个真正的属灵父亲。当他讲道的时候，我真的很能与他联接，因此，我很想参加他开创的圣经学校；后来还真的成就了。内维尔，像肯一样，确实在一些方面待我们如同父亲待儿女一般。他为我们发过很长的预言，这些年来都一再显出他的预言的意义和价值。

所以我想我可以跟神说："我是内维尔·温格的儿子。"但是**再一次**，在神的探照灯下，我意识到我说不出来。事实上，我从来没有从内心里做过他的儿子。我只是一个索取者，不是一个给予者。像耶稣那样，一个真正的儿子，会以自己父亲的事为念。我从没有以我父亲的事为念，**或**肯·怀特的事，**或**内维尔·温格的事，我都不曾放在心上。我从没想过自己如何成为他们的祝福或帮助他们。我的心完完全全是一颗孤儿的心。其实我应当简单地承认："神啊，我不是任何人的儿子，我也**不想**成为任何人的儿子。"但是，我的心里在翻腾摔跤。我无法承认这一点，因为　还

有一些事情在继续。当我向我的父亲关上心门之时，我就完完全全地失去了儿子的心。

儿子的灵

儿子的心究竟是什么呢？为了了解这一点，让我们从加拉太书 4:4 开始，经文说：

及至时候满足，　　神就差遣他的儿子，为女子所生，且生在律法以下，要把律法以下的人赎出来，叫我们得着儿子的名分（作为儿子被收纳）。

当我们重生的时候，因为神对我们的收纳，我们成为神的儿女。然而，神不单单只是收纳我们。收纳只是神的第一步。保罗继续说：

你们既为儿子，　　神就差他儿子的灵进入你们的心，呼叫："阿爸，父！"

因为我们是照着合法的权益做神的儿女，神已经将祂儿子的灵浇灌给我们了。神已经将这灵放在我们心里了，是这灵在呼唤"**阿爸，父"！** 一个被收纳的孩子不会呼喊"阿爸，父"！我们人类的心不会呼喊"阿爸，父"！只有在我们里面的神儿子的灵，才会呼喊"阿爸，父"！

神儿子的灵已经浇灌在我们心里了。当我向父亲关闭我的心的时候，我就失去了儿子的心。这样，当圣灵浇灌的时候，我里面却没有相应的儿子的心。因为我关闭了做儿子的心，圣灵就不能将我里面的儿子身份带出来。这是一个至关重要的点，神藉着向我发问来揭露出这个关键点。神在寻找向儿子身份敞开的心。

在耶稣受洗的时候，祂经历这个儿子身份的确认，那时圣灵从天上降在祂身上。当神宣告说："这是我的爱子，我所喜悦的。"儿子的灵降在了耶稣的生命里。从那时起，向全世界宣告，耶稣

是神的儿子！在这之前，祂只是拿撒勒人耶稣，只是约瑟和马利亚的儿子，而现在，祂被宣告是神的儿子。那降在耶稣身上的圣灵，也是同样一位圣灵要在我们心里放下儿子的身份。

许多基督徒都知道圣灵是接纳的灵，却还没有经历圣灵作为儿子身份的灵。因此，我们能够被圣灵充满，却根本没有做儿子的生命。当圣灵浇灌在一个人身上的时候，若是这个人对他的父母并没有一颗做儿女的心，那圣灵就不能在这个人身上以儿子身份的灵起作用。**神的灵必须要在你生命中找到共鸣，使祂能够在你生命的经历中成为真实。**

当我向我父亲关闭自己的心的时候，我就失去了儿子的心。同时，我对任何一个父亲式的人物也都没有了儿子的心……包括对神。

与父亲建立关系

这是我的大问题。在我的人生中，有许多人出现在我的生命里，他们多多少少对我都有父亲的心，但我就是不懂得怎样跟他们建立关系。我没有意识到，如果对自己的生身父母你都没有儿子的心，那你就完全没有了儿子的心，这样，你就无法跟任何一个

父亲的角色有恰当的联接，**包括**对神，你的天父爸爸！我们要与耶稣建立关系，先决条件是让耶稣成为我们绝对的主；同样，要与天父建立关系，拥有一颗儿女的心是至关重要的。

如果你想要认识神——天父，只有一条路是你可以藉着知道的。除了以父亲的身份之外，天父不会以别的任何身份跟你建立关系。我们许多人在人生的进程中多多少少地成为父亲或父亲级的人物，而神却从来没有**成为**父亲，祂**总是**父亲，并永远是父亲。

祂创造了宇宙，但祂的本性却不是创造者，创造是祂的作为，而非祂的本质。打个比方，如果你的父亲是一个工程师，你不会根据他的职业来跟他建立关系，你跟他建立关系是基于他的身份。神创造了宇宙，但祂并非以一个创造者的身份跟你建立关系。祂以父亲的身份跟你建立关系，因为祂就是父亲。父亲是神的本质。耶稣来到世上来显明耶和华神是爸爸，耶和华**就是**父亲。

我相信，在西方国家差不多超过百分之九十的人已经向自己的父母关上了心门。我们用一些深奥的语言来谈论这样的事，但现实就是，许多人对亲密关系是非常陌生的。

所以，当我在那个祷告室里的时候，神向我提问说："詹姆士，你是谁的儿子？"神所碰触到的是我的内心的状态。我找不到答案。我应该这样回答："神啊，我不是任何人的儿子。"但是，要我这么回答是难的。

所有属神的人都是某个人的儿子

自从我成为基督徒，我就想成为一个神人，就像那些满有恩膏的讲道人那样。我一直祈求神："神啊，塑造我成为一个神人吧。"可是，那一天，我在那个祷告室里，尝试找出一个人的名字来回答神的时候，另一个思绪在我的脑海里盘旋。这个思绪跟我当时的一个最喜欢的课题有关。我在神学院读书的时候，我曾经研究过旧约的年代。当我查考旧约中那些著名的圣经人物时，有一点让我很讨厌。几乎所有这些英雄人物都被描写为"某人的儿子"，约书亚是嫩的儿子，迦勒是耶孚尼的儿子，大卫是耶西的儿子。我所读到的每一个人都被描述为某人的儿子。

这弄得我很郁闷。为什么不说大卫是诗人，是勇士君王呢？为什么不说以赛亚是大先知呢？为什么不说迦勒是信心的伟人呢？我很自以为是地想："为什么这些人不能靠着自己的两条腿站起来做人呢？为什么他们不能成为真男人呢？为什么他们需要一个爸爸来倚靠呢？"这显明了我与父亲关系的真实的内心状态。

那天在那祷告室里，我感到神在对我说："詹姆士，我听到你一直求我塑造你成为一个神人。你要成为一个神人吗？是这样的吗？好吧，我**所有**的这些神人，他们都是某人的儿子。你要成为神人，詹姆士，那你是谁的儿子呢？"

耶稣是一个不完美的人的儿子

我知道一个父亲所能造成的伤害。这些圣经中的英雄不知道一个父亲所造成的伤害吗? 想要做一个人的儿子, 肯定你是精神有问题了! 我知道耶稣是神的儿子, 但我可以放过祂, 因为祂父亲是完美的。完美的父亲是不会成为问题的, 不完美的父亲才是问题! 可是, 我想起来了, 耶稣在永恒里被称为是大卫的子孙。事实上, 耶稣的服侍是基于大卫的国王身份, 而大卫却并不是一个完美的人!

今天许多教会因为大卫的失败而禁止他参与服侍或者占据任何有权柄的位置。可是耶稣却满足于别人说祂是大卫的儿子, 这样一个不完美的人的儿子! 这实在是挑战我! 如果耶稣能够做一个不完美的人的儿子, 那我的看法一定是出了问题了。我不想成为一个不完美的人的儿子, 可是耶稣乐于被认知为一个不完美的人的儿子。我无法逃离这个事实。我掉进陷阱里了。

当时我还不知道, 但是那一天决定了我的余生。终于, 我不得不诚实地承认: "神啊, 我不是**任何人**的儿子。而且, 我也不想。我害怕成为某人的儿子。神啊, 你能帮我吗? "当我说: "你能帮我吗? "神的同在立刻离开了那房间, 剩下我独自一人留在那祷告室里。我感到神开始要解决我的问题了。

找回做儿子的心

这次与神相遇之后, 神开始在我生命里动工, 为我恢复儿子的心。第一件事, 正如前一章描述的, 就是能够从我的心里饶恕我的父亲。这时, 我的心自由了, 然后我就想知道怎样才能恢复儿子的心。

我自己得不出任何的答案。我为此思考了很多，也祷告了很多，但似乎没有任何的进展。曾经失去的那儿子的心，怎样才能得回来呢？你丢了东西，能从哪里找回来呢？你只能从你丢掉它的那个地方去找回来！对吗？如果你能回到你丢失它的地方，它就会在那里。就是这么简单。

我是在跟父亲的关系中丢失了儿子的心，在那里我把心门关上了。要将这儿子的心找回来，我想那跟我父亲有关系，可我不知那究竟是什么。我想不出任何方法来找回儿子的心。过了好一阵子，我开始意识到，我可以做一件事。我已经为着所有父亲所做过的和没有做的事情饶恕了他，然而，我也意识到我自己待他也不是那么好。我向他关闭了心门。我原本可以更有恩慈，更乐于饶恕。我应该可以更加感恩，更对他表达尊荣。然而，是我自己选择将他从我心中切断。于是我就想，我可以写一封信给他，为着所有这些事情请求他的饶恕。

当我在家里还是一个小男孩的时候，我的其中一项家务就是修剪房子后面的草坪。没有一次不是被父亲逼着我才做的。我从来没有一次是心甘情愿做的，也从来没有做得干净漂亮。我总是想避开那些角落，而且还忽略了一些应该修剪的地方。甚至我放学之后都不会立刻回家，而是在外面闲逛，直到日落西山才往家里走，这样我就可以逃过修剪草坪的责任。如果下雨的话，那我就更开心了，因为我终于可以找到借口不用做事了。如果没有下雨，我就会跑到小溪里游泳捉泥鳅。最终父亲就会向我施压，用种种的方式来威胁我，诸如不让我出去玩之类的，这样我就心不甘情不愿，万般无奈地去修剪草坪。但没有一次是出于甘心的。于是，我想我可以请求父亲在这件事和其他事上原谅我。

可是，这真是一个难题啊。因为在我家里，没有人说过对不起，那会被看作是软弱的表现。我家里从没有人请求过任何人的原谅，也没有人曾经说过"我爱你"。这些都被看作是软弱的象征，所以我害怕请求父亲的原谅，免得他倒打一耙，在下一轮的争吵中说我是个软蛋。

那封信

我决定写一封信，看看读起来会是怎样的，但是，我觉得我 不会真的将信寄出去的。最终我在信中将我所要表达的写出来了。在信中我为从来没有照着他的意思修理草坪请求他的原谅。我为没有以恰当的态度对待他而请求原谅。我为自己跟父亲争吵请求　他的原谅。我为自己对他所说的话请求他原谅我。我为自己没有照着父亲的心意做家务请求他原谅我。在信的末了我说："我请 求你原谅我，当我十岁的时候，就将我的心向你关上，不再做你 的儿子。"写完后，我将那信搁在了书架上。两周后，我跟杰克·温

特提到这信，他直截了当告诉我："嗯，你最好把信寄出去！"说完他就走了！

现在压力来了！我买了一个信封，还有邮票，写上地址，将信装入信封，又把它搁置在书架上，搁了一个月。我知道，当我写的时候，确实写了我所要说的东西，但是我不想再读它，因为那令我起鸡皮疙瘩。最终，我知道，我一定得将信寄出去。我知道有一

天杰克会问我是否已经将信寄出了，我很想告诉他已经寄出了。于是，我决定拿着信出去走走，我跟自己担保我不会真的将它寄出去。我只是拿着出去走走，绕着邮筒走走。

在我们家附近路边有一个红色的邮筒。我走上前去，将信放入邮筒的口上，心想："如果我放手，他就会收到。"我赶紧抽回来，沿着那路继续走下去。我走出大约三十米，觉得我一定要把信寄出去。于是我走回来，把信放到邮筒口上——投了进去！突然，我感觉像是肚子被踢了一脚。我一路哭着回到住的地方，冲入卧室，趴在床上哭。我很担心我父亲收到信的时候会有什么反应。

这事以后，我们去了明尼苏达州的北部，那里有一个当年杰克·温特的事工所买的营地。我们开车前往这个新的事工中心，　路上我跟蒂妮诗说："等我们到了那里，我就想自己对那里的带领人像儿子一样。"这些遣词造句以前我是连想都没有想过的，　从我口里说出这些话来，我自己都感到惊讶！这是改变的第一个迹象！也就在那里，杰克·温特来了，再次跟我们传讲天父的爱。我听他讲这个主题已经很多次了，但从没有真正明白。当他为人祷告祈求经历天父的爱的时候，我就在他身边跪了下来。我看到

很多人因着自己曾经的创伤得着医治而流泪，我确实感受到了那种馨香和舒坦，但我不知道接下来会发生什么。

天父的爱的传递

这次听完杰克讲的天父的爱，我对他说："杰克，我终于明白

你所讲的了。你可以为我祷告吗？"他一直寻找机会能够为我祷告，于是他答应了。他把我带到营地后边的一个小屋子里，让我坐在一张椅子上，这是屋里唯一的一张椅子。杰克就在我身边跪下，看着我说："你可以作一个需要被爱的小孩子吗？"我心里想："我是一个二十九岁的男人，我不再是个小孩子了！"但当我看着杰克的眼睛时，我感受到他正以看得透我的眼光看着我。我外表看起来结实强壮有力，而我的内心却像孩子一样非常需要被爱，因为我从未尝过父爱的滋味。

事实上，如果你从来没有尝过父亲的爱，那你今天还是需要父亲的爱的。于是我对他说："杰克，我不知道，但我可以尝试。"他让我用手臂抱住他的脖子，好像一个小孩子想要父亲抱他的样子。我一生从未拥抱过任何一个男人，但我将手放到了他的脖子上。那实在太尴尬了，我很想跑开，想离开这屋子，可是他很快地将他的手臂环抱住我，将我抱得很紧很紧。他传递给我了一个信号，除非他放手，否则我别想离开这里！然后他开始一个很简单的祷告："天父，请你现在来，让我的手臂成为你的手臂，抱着这个年轻人。"就在那一刻，我不再是被杰克抱着了，而是被神抱着。他继续说："请你向他的心里浇灌你的爱，因为他从没有尝过父爱的滋味。"两三分钟后他就结束了，我站了起来。

从那一刻开始，似乎一切都改变了。不管我什么时候开始祷告，"天父"就会从我口中出来。我感到我的灵已经触摸到天父了，实际上是天父祂触摸到了我的灵。

几个月后我们飞回新西兰。我们去了陶波，住在蒂妮诗母亲家里，这也是我们现在住的地方。我们在那住了两周，我却不想去看望我的父母，因为我很担心我父亲对那封信的反应。又过了几周，我终于跟蒂妮诗说："我们真的必须去了。我们去吧，把事办了，做个了结。"于是我们开车出发，到了那里，跟我父母待了一个下午，然后又开车回到陶波。而我父亲根本没有提到那封信的事。

后来几个月我们又去探望他们几次，但我父亲都没有提到那封信的事情。又过了几个月，我们又去探望他们，我父亲还是没有说什么。五年过去了。我现在都三十五岁了，我父亲还是从来没有提到那封信的事，我开始怀疑，他是否有收到那封信。有一天我问我母亲："几年前你们在美国居住的时候，我写了一封信给父亲。你知道父亲有没有收到那封信？"我母亲说："哦是的！他收到了！事实上他现在还留着那封信呢，他把那封信保存在他床头柜的抽屉里！"当我母亲这样说的时候，我意识到那封信对我父亲非常珍贵。太珍贵了，以致他不想在争吵中提及它。我父亲实在说不出"儿子，我原谅你了。"这样的话。我从没听过他说"对不起"，或"我爱你"等类似的话语。他从来不会说这样的话，但我意识到那封信对我父亲来说非常珍贵，于是我心想他已经原谅我了。时间一年年过去了，有一天我决定去见我父亲，　跟他说我爱他。

我感受不到自己心中对我父亲有什么爱，但我认为，如果我凭意志说出来，神会喜欢的，他会带来爱的感动。就好像建筑工人将水泥浆浇灌到事先做好的模板里，我那样宣告爱，就是提供了模板，让神将爱浇灌其中。我会说这句话"我爱你"，我相信神会因此赐给我对父亲爱的感动。事实是，我宁可去攀登珠穆朗玛峰。这事实在太大太不容易了。在我跟我父亲所有的争吵中，他已经教会了我一件事，那就是将一件事说得令听的人难受。事实上，从前我做这事简直是信手拈来。于是我下定决心去告诉他我爱他。

"爸爸，我爱你！"

到了下一次我们看望父母亲的时候，我就想要找机会向他说出来。我想最好我能够跟着父亲进入厨房，然后给自己倒一杯水什么的，然后说："哦对了，老爸，我爱你。"然后走回客厅。可是他没有走进厨房，这样我就无法跟他单独在一起。最后我们要离开，开车回家，我心想这次错失良机了。我父亲有个特别的习惯。只要有客人来，他总是站在厨房里，而客人离开的时候需要穿过这厨房。他在厨房里背对着冰箱站着，跟离开的客人握手道别。这辈子我父亲没教我什么东西，但我四岁的时候，我父亲教我握手。我还记得他那时说的每一句话。他说："当你跟一个男人握手时，握紧，不要软绵绵的，摇动两到三下，立马放手。切勿握太长时间！"

这样，我们准备离开了，我就跟我父亲握手，摇动两到三下，握紧，放手，接着我就跨门而出。他跟别人继续握手，我们也离开了。当我走过房子的拐角处的时候，我想："我现在应该开口说啊！"于是，我回头看，向着我母亲和我父亲说："再见了爸妈。

我爱你，爸爸！"然后赶紧从拐角走过去。蒂妮诗和孩子们紧随我的脚后跟，然后我们开车走了！我没有听到尖叫或者崩溃的声音，于是我成功了！

我想下一次看望父母的时候，估计我还会做同样的事情。我会再次说："我爱你。"这次我在那冰箱前面跟我的父亲握手，像上次那样，握紧，摇动两三下，但这次我没有把手放开，他抬头看我。我看着他的眼睛，说："我爱你，爸爸。"然后我放开他，走出房门去了。当我走过草坪的时候，我回头看，看到爸爸还站在那个地方，看着自己的手。我父亲平生从没有听过这样的话语，尤其是出自一个男人。我妈以前有说过几次，那还是在他们刚结婚的时候，后来就停了。我勇气大增，决定下一次来的时候，一定还要这么做。

当我们离开的时候，我爸伸出手来握住我的手，我觉得有点怯生生的！然而，这次代之以握手，我将我的手臂拥向爸爸，平生第一次我抱住爸爸，轻声对着他的耳朵说："我爱你，爸爸。"他难以察觉地点了点头，好像我抱的是一棵树一样。他身上的每一块肌肉都是僵硬的。这之后，每次我们来看望爸妈，我总会抓住机会说"我爱你，爸爸"。

三年后的一个晚上，我爸打电话给我。我母亲平时会打电话给我，而这是我平生第二次接到我父亲的电话。他说："你住的那附近最近有一场橄榄球赛，我打算过去看球赛。不知道是否可以去你家过一夜？"他接着说，"我有话要跟你说。"我父亲之前从没住过我们家。他仅来过两三次，而我们结婚都已经十八年了。球赛后爸爸来了，蒂妮诗做了一桌漂亮的晚餐，我们一起吃，然

后我爸说："我有话跟你说。"蒂妮诗就去屋里另一头忙去了，留下我们父子俩一起。

我们整晚坐在那里，他就是说不出来。他一而再再而三地提这件事，说，"我来是因为我有话跟你说。我想跟你说。"他说的时候看着我，他似乎很想说出来，可就是说不出来。没办法，他只好继续说橄榄球赛的事情，或者其他别的事。而就在那个时候，　他对我说："我平生从没有听到别人对我说那些话，除了你母亲之外。"他还说："照我所了解的，我们男人彼此是不说那些话的。"于是他再次说："战争的时候，你不要跟任何一个人交朋友，因为当他们死了，你就没法干你的活了。"就这样，我父亲跟我坐　在一起，将那些过去的事全都倾倒出来了。

在我父亲家里，我是老幺。我哥是个科学家，每次到了我哥的毕业典礼我父母都非常自豪地去参加。我哥是我们家中第一个上大学的人，可以这么说，推算回亚当，我哥就是我们家中第一位上大学的人！我姐在电视台工作，每周四我父母看电视的时候，都会看节目最后的那一长串的无聊的名单，但他们却兴致勃勃，　全神贯注，就是为了能够看到自己女儿的名字。我姐让我父母感到非常地自豪。事实上，在我家里，我在学业上最具潜力，可偏偏我就只想成为一个专业猎鹿者，想成为一个隐士，在山里深居简出。我没有做过一件父母想要我做的事，我父亲也不以我为荣。他感到我让他失望。我信主后就更糟了。信主成为我们之间争吵的另一个话题。然而，那天晚上，当他看完橄榄球赛后跟我们在一起，他说："我还有一些话要跟你说。"

他开始变得很严肃认真。这些话实在很难出口，但他还是对我说："可能有一天，只剩下你妈妈或者我的时候……"他只能

说这么多了。他看着我，似乎在对我说："拜托你能明白我的意

思。拜托请别让我再说下去了！"当父亲这样请求我的时候，我很震惊。我是他最小的儿子，常常让他失望。我所能够跟他说的就是："爸，如果哪一天只剩下你一个人了，你可以来跟我们一起住。"他的肩膀立刻放松下来，好像他心中的重担被提去了一样，但他还是没有说出他来的时候想要说的话。

时间过得很快，不知不觉到了午夜，我爸再次提到那句话："我来是要跟你说这个。"他靠近我，但他说不出来。最终他说："我要你知道，"他似乎用恳求的眼光看着我，"帮我把这个说出来！"可我帮不了他。我所能做的就是坐着等着，最终……他没有说出来，但他结束了谈话。他竭力了，说："我要你知道，你妈和我都爱你们每一个孩子。"我回答说："爸，我也爱你。"他点头，似乎表示这就是他真正要说的话。

"我爱你，儿子！"

好几年过去了，有一天我父亲终于向我说了那句话："儿子，我爱你！"那是 2001 年，那时他进进出出医院差不多六七年了。他患了糖尿病，右腿力量和视力都消退得厉害，连电视都不能看了。他有几次小中风，一些短期记忆丧失了，但长期的记忆仍旧完好。因为我们有一趟较长时间的欧洲服侍行程，出发之前我们就去看望他，这是我一生中头一次跟我的父亲谈话的时候没有感受到他那争吵的语气。他里面所有的那些争强好胜都已经消失得无影无踪了。

我告诉他我小时候跟他争吵的时候的感受。他听着，他理解，没有生气和争吵。当我们正谈着的时候，他说了三次："我真抱歉！"我父亲从来没有跟任何人道过歉。那天他说了三次"我爱你，儿子！"当我离开正要走出门的时候，"还有，等下！"我转过身，他说："你知道，我一直爱你！"

我记得自己离开医院后去妈妈那里，告诉她我们所谈的话， 以及爸爸对我说的，妈妈说："以前你每次摔门而出，整夜不归的时候，你知道你父亲在做什么吗？他去到卧室，锁上门，不让我进去，因为他一直在哭。"

不久后，我们在英国紧张的服侍将近结束了。最后一个祷告会，我们正在为几个人祷告。教会里有一个人来找我，说："詹姆士，新西兰那边有个电话找你。是你哥哥打来的。"当然，我 知道这意味着什么了。我曾经想过，如果父亲过世时我还在国外， 那该怎么办。是不是要取消特会？是不是该回去？真的有那么重要吗？我该做什么呢？

于是我去接了哥哥的电话，他告诉我爸爸半小时之前去世了， 并且爸爸坚持要我回家主持他的葬礼。我立刻飞回新西兰，蒂妮诗仍旧留在英国。我回到家的第二天举办葬礼，我很惊讶，爸爸居然要我主持他的葬礼。因为他一直跟我争论争吵，给我的印象 是他非常反对基督信仰。

我记得在葬礼上，我站在前面讲话的时候。来的人不少，我环视屋里的人，想看看其中是不是有一个真正爱我父亲的人，因为我父亲跟每一个人都吵过。当我看着身边的骨灰盒的时候，我想到："也许父亲要我回来主持他的葬礼，是因为他知道我对他有一颗儿子的心，而且我是他的真儿子。"

儿子的心

这就是我跟我父亲的故事。当我回首往事的时候，最为美妙的时刻，是我将那封信投入信箱的那一刻。为什么呢？因为，我将那封信投入信箱的时候，神就在我里面恢复了一颗儿子的心，为我打开了认识天父的门。

我相信我们绝大多数人，对着我们的父母亲，已经失去了一颗真正做儿女的心。我们怎样找回这颗心呢？就是在我们从前失去它的那个地方把它找回来。

事实是，你无法真正地认识天父，除非你有一颗儿子或女儿的心。你可以领受到天父的触摸，你可以经历到祂对你的爱，你甚至知道祂的爱确实感动了你的心和情感，但是，你却无法跟祂有一个亲密的父子关系，除非你拥有一颗儿子的心。很多人经历过天父，但是，只有那些拥有儿女的心的人才能够活在以祂为父的关系当中。当你开始认识到祂是父亲，祂的爱就开始感动你，并充满你的心。这种爱总是不离不弃，源远流长，它接连不断地浇灌在你的心底，直到它充满了你心中每一个创伤的孔洞。当所有的孔洞都被祂的爱充满的时候，那爱开始升腾，漫过你，将你整个人浸泡在爱的海洋中，你可以遨游其中。

因为太多人向自己的父亲封闭心门，失去了儿子或女儿的心，也许你也可以写一封信给父母或其中的一位。也许你可以打个电话，或者更好的就是一次面对面的谈话。我留给你们自己去做决定，但有两件事我是清楚知道的。第一，如果你对神所给你的父 母没有一颗儿子的心，你就无法跟神建立那种以祂为父的关系， 你将会一生都陷在孤儿的生活方式之中，并用孤儿的眼光来看待 周遭的一切。

第二，如果你正在参与一些服侍，却没有儿子的心，你服侍的果效总会受到限制。因为要像耶稣，你首先得在心里做儿子。如果你没有一颗儿子的心，你像耶稣一样说话行事的能力都会因为你的心而受到限制。希伯来书 1:1 这样说："从前神透过先知们说话，而今天祂透过祂的儿子说话。"神仍然喜欢透过儿子们说话！关于天父和祂的爱的这个启示，对教会的未来至关重要，同样，对我们个人的生命也是至关重要的。

5

真正的父亲

~

作为一个年轻的基督徒，我祷告求主帮助我用祂的眼光来看事物。我想要真正明白神看待人生的方式。箴言 14:6 说："明哲人轻易得知识。"（当代译本）很多人在寻求知识，而如果你有理解力，那掌握知识就比较容易了。我想要尽量从神的角度来活出我的人生，每件事都能照着神的眼光去看，就能在生命中找到真实并持久的平安。知识有时会带来混乱，但当你有理解力的时候，　你就能有平安，因为你可以看到神在每一件事背后的心意。

人生的目的

我十二岁的时候，我们搬家了。那个小镇是我长大的地方。我喜欢在那里生活，不想搬走，但在我纠结的内心里，我开始渴望理解人生的意义究竟是什么。我记得有一个晚上，我走出去，看天上的星星，我想起学校里的老师，他告诉我那些星星会永远地在那里闪亮。在宇宙的尽头并没有一堵厚厚的墙，"即便宇宙有尽头，"老师说，"那你说尽头后边会是什么呢？"这些认识弄得我心慌意乱，因为我总认为，**如果**一切存在的尽头还有一些东西，那些东西会是**什么**呢？**这是没有尽头的**！

我记得我问自己的父母关于人生的目的究竟是什么？人生究竟是什么？我们究竟是谁？我们在这里做什么？所有这一切意味着什么？我怎么会活着呢？我怎么会思考，并有知觉呢？作为一个小男孩，这些问题几乎将我扯碎了。有人告诉我说："别瞎操心。等你老的时候，你就不会在乎这些问题了。"这是我听过的最差劲的回答。这回答完全无法使我满意。我自己想："显然，这人年轻的时候也曾问过这些问题，而现在他已经老了，却还没有找到答案。"于是，关于人生的目的的问题搅得我心神不宁。现在要说清楚这些问题，并不比当初来得容易。

当我在学校学习的时候，老师教我说，进化论可以回答这些问题。我们都被教导，那就是我们在这地球上出现，是源于一系列的偶然最终促成的结果。人生的背后并没有任何的目的。人生仅仅只是各种作用的结果，诸如气候、加上各种矿物质的化学反应，从这一系列的偶然中，慢慢地，我们人类就产生了。还有，时间没有止息地流逝，地球继续绕着太阳转，并且自转。随着时间的流逝，地球最终会慢下来。太阳会失去它的热度，地球上的所有生物都将死去。最终的分析是，一切事物的目的的总和就是毫无目的。

如果是这样，我想那我去学校读书又有什么意思呢？我的问题是："为什么我要去上学呢？为什么我要学习赚更多的钱呢？

只有这样我才能生养自己的孩子，而他们有着同样的问题，却还是得不到任何的回答。是的，他们会接受教育，但是他们的一生难道就为着钱财而拼搏——然后，他们一直这样活到死，却没有任何的目的吗？难道最终太阳冷却，万物消逝，万物的归总却毫无目的吗？"我无从激发自己去拼搏奋斗。很多人告诉我什么是对的，什么是错的，告诉我应该怎样生活，但我质疑他们有什么权利来告诉我这些？

几年前，有一个新闻报导说在发达国家中，新西兰的青少年自杀率是最高的。一下子，电视屏幕上就有很多人就这个新闻报导给出许多观点。许多政客被采访，阐述他们的见解。很多精神病专家和心理学家给出他们的各种理论。我在这里并不是要声称我的见解要比他们来得更好，但我相信，如果我们的青少年受到这样的教育，说他们的人生没有任何目的，他们的生命仅仅是生理上的需要和满足，除此之外，毫无价值可言，那他们干嘛还要延长时日承受生活的苦难呢？我完全能够理解为什么我们的青少年会自杀，如果他们相信进化论是真的。是啊，干嘛不停下来呢？干嘛要等到自然死呢？

我们都是神的儿女

我现在想要说的东西有点特别，这东西曾带给我极大的平安。它带给我空前的身量，使我面对人生中各种问题的时候内心能够 始终平静。随着时间的推移，我开始对人生有所领悟，能够从一 个非常不同的角度察看一些事物。有一段时间，我觉得我已

经完 全懂得神的福音了。对我来说, 福音里的一切是那样的有道理, 然而, 我观看自己的生命的时候, 发现还是有一个可信度的缺口。

我能看到自己的生命缺乏足够的权柄和能力, 去真真实实地祝福到那些我所接触到的人。如果我对福音的认识是正确的, 那么为什么我的生命不会产生更大的果效呢? 为什么我看不到自己的生命像耶稣那样多结果子、满有果效呢? 于是, 我花时间去跟主耶稣独处。我将曾经学到的一切都交还给祂, 求祂洁净我的理解力, 打开我的心去领受更多的教导。我求主使那些我曾经领受过的真理能通过祂的爱和祂的视角的筛查。不用说了, 主就开始教导我更多的真理。

改变我的理解力的头一件事是阅读使徒行传 17 章里保罗向雅典的哲学家们所讲的信息。我相信如果你能了解我在这一章中所写的内容, 那将会给你带来难以想象的改变, 在与神的关系上也将经历同样的更新。当你阅读下面这一段的时候, 请注意, 保罗的听众中根本没有一个基督徒。在保罗的演讲中, 他说:

创造宇宙和其中万物的 神, 既是天地的主, 就不住人手所造的殿, 也不用人手服侍, 好像缺少什么; 自己倒将生命、气息、万物, 赐给万人。他从一本造出万族的人, 住在全地上。(24-27节)

看, 这是一个非常有趣的陈述: "他从一本造出万族的人, 住在全地上。" 住在全地其实是当初在伊甸园里的时候神给人类的一个托付。人类本就当生养众多, 遍满全地。使徒接着说,

"……并且预先定准他们的年限和所住的疆界。"

让我在这里做一个简短的评论吧：这其实不是我要表达的要点，但保罗这里所讲的确实是一个有趣的陈述。神预先定下了我们的出生年日和出生地。我们来自不同的国家和民族文化。那些创立各个民族并生养众多的人并不一定是想要去成就神的心意，

而就在这个过程当中，你的出生年日和地点确实是神对整个人类计划的一部分。我是一个新西兰人这一点都没错，你是你的国家民族的人，也确实如此。这都没有错，因为是神为你确定了你应当生活的确切的时间和地点。祂这样做，是要让人去寻求祂。

接着保罗作了另一个非常有趣的陈述，这个陈述是他引用了一个希腊学者的诗。你要知道，保罗是一个非常聪明的人。他是迦玛列门下的学生，这迦玛列是当时法利赛人中的领衔教师。保罗是他同时代学生中的优等生。保罗自述自己在同岁的人中比别人更为长进（加拉太书 1:14）。在另一处（哥林多后书 11:5）他说他一点都不比别人差。他成长于大数这个城市，大数城在当时的罗马帝国里是一个大学城。毫无疑问，他已经在宗教的洞见和知识上达到了登峰造极的境界。

他十二岁的时候就已经可以背诵创世记、出埃及记、利未记、民数记、申命记这五卷书的绝大部分内容了。这是对他那个特别的地方男孩的正常期待。保罗是一个非常聪明的小男孩，我想象

（因为他成长于大学城）他和他的家人都接触过当下罗马帝国

的各种文化。毫无疑问，他对希腊文化他也涉猎颇深，而希腊文化是当时的主流文化，他也很可能读过一首希腊的诗歌（《亚拉图》，当时生活在大数城的一位诗人所著），当时回想了起来。在这段叙述中，保罗在跟一群希腊人讲话，他们是雅典城顶尖的哲学家。我们知道，这些希腊人极为小心唯恐得罪了哪一个神明。他们热衷于他们的哲学，想要做到所说的那种尽善尽美。于是，他们立了一个祭坛，用来尊荣"那未识的神"。

这些哲学家听说保罗在市里演讲，于是他们便邀请保罗来，讲给他们听。保罗演讲的时候引用了这首希腊诗歌。我觉得很有

意思，一位希腊诗人的作品竟然有一句被记录在圣经里了。我确信那诗人写诗的时候肯定没有想到他在写圣经经文。更有甚者，保罗将它当作真理来引用，这实在是神的智慧。这是默示的经文，是被神的灵所感动而写的。谁想得到，神居然使用一个希腊诗人所写的东西来带出启示，保罗就用了这个启示来去赢得这些希腊的哲学家。他说：

我们生活、动作、存留，都在乎他（指的是犹太人的神）。就如你们作诗的，有人说：'我们也是他所生的。'"

在 29 节保罗说："我们既是　神所生的，就……"

好了，这段经文我曾经读过很多次，直到我有一天开始注意它。当我认真对待这段经文的时候，我感到些微的窘迫，因为保罗讲话的对象是一群**彻头彻尾的非信徒**，可是保罗却对他们说，"我们是神所生的，我们是神的孩子。"你知道，我一路走来是

这样被教导的，当我**成为一个基督徒**的时候，我才成为神的儿子。当我重生的那一刻，我才成为神的儿子。我若不重生，便不能进神的国，这绝对是真的。可是，当我读到这里的时候，似乎有一点问题，因为保罗正对着一群希腊哲学家说话："这样，我们既然是神的孩子，既然我们是祂所生的，我们既然出自神，既然我们是神的孩子……"我的问题是，我不明白保罗怎么能够跟一群非基督徒的希腊人说他们是神的孩子！

这里我需要非常清晰地指出，除非我们重生，否则我们无从领受作为神儿女的一切的好处。这是绝对的，无可争议的事。但是，保罗在这里所说的一定还有更多的启示，因为这是蒙圣灵感动后所记载下来的圣经文本，这些圣经文本确实是真的。我一直被告知，在我成为基督徒之前，我是行在黑暗当中的。事实上，

我被告知，撒但才是我的父，因为那时我是行走在撒但的路上。但是，保罗却在这里这么说，我们**都是**，**甚至**那些没有"重生"的，也是神所生的。这令我感到震惊，因为我一直被教导，我们是从神的灵所生的，而从神的灵生的，才能成为神的孩子。然而，保罗这里所说的却不是这样的，似乎我们不会把他所说的看作是正统的基督信仰的教义。它看起来更像是一种普救论。于是我尝试理解保罗所说的，神也开始给我一些看见。

当我们思考这事的时候，对一些事情的理解是非常重要的： 当神起初在伊甸园里创造亚当和夏娃的时候，神对他们的心愿是他们**不犯罪**。神学家们已经争论了几个世纪，就神是否事先知道亚当和夏娃终究会犯罪的事实。在这一点上从来就没有达成一致的看法。然而，我们所清楚的是，神对亚当和夏娃的计划**是**实

实在在、**真实**的计划。神的目的是他们**不犯罪**，这样，为了让我们理解这世上的每一个人都是神的孩子这件事，我们需要理解**救赎**这个词的意思。

救赎

救赎的真正的意思是"买回来"。

我手上戴的手表是一件圣诞礼物，是有人专门为我买的，我就不能说这块手表是被赎回的。这手表是买来的，不是被赎回的。而当耶稣付代价将我们**买回来**，那就是**赎回**了我们。很简单的道理，买手表绝对不可以说成是"赎回"手表。你只能对你原来拥有的东西说赎回来。这样，耶稣在十字架上所做成的救赎，就是将神原来拥有的东西买回来。耶稣不是买了我们，而是将我们赎回了！

这样，在真正意义上，当我们明白在犯罪**之前**我们**实际上是属于**神的，那么基督信仰实实在在可以被描述为救赎了。这个归属并非始于我们的人生进程中，而是从我们的始祖亚当和夏娃那里就开始了。当他们在这地上的时候，我们每一个人都是在他们里面的，因为我们都是从他们而出的。在堕落之前，整个人类都装在了亚当夏娃里面，并属于神。神对我们的旨意是什么呢？祂的旨意就是亚当和夏娃不犯罪，并且生养众多，遍满全地，并治理全地。这就是神赐给他们去完成的使命。神的旨意（这是一个真实的计划）就是人类会在亚当夏娃或任何人都不犯罪的情况下遍满全地。

原本的计划

想象一下，如果亚当和夏娃从来没有犯罪，那世界将会是什么样子的。你能想象你的生活会是怎样的吗？那会跟你所经历的生活非常不一样。如果亚当和夏娃没有犯罪，他们今天还都活着！你可以去他们的家，敲门，亚当和夏娃会出来开门，欢迎你。他们活了很久了，并且依然风华正茂。我相信如果亚当今天走进一个房间，所有在场的人都会立刻跪下来，因着他的样子而敬拜他。我们会以为他就是神，因为亚当确实是照着神的形象被造的。

如果罪和死亡不曾进入世界，那亚当和夏娃在过去的几千年里，每天都能跟神面对面。关于神的启示就不会有任何限制，他们会得着关于神的一切启示。当摩西上山又下山的时候，他的脸上充满神的荣光，甚至以色列人都因此感到惧怕。摩西必须用一张帕子来遮住自己的脸，这样以色列人才能跟他正常打交道，而摩西不过在山上跟神面对面四十天而已。亚当和夏娃如果没有犯罪，就已经跟神同行数千年了。还有，这样的话，每一个生下来

的人今天都还活着，那就意味着你的父母，你的爷爷奶奶，你的祖爷爷奶奶，你的……他们都活着！每一个人都会活着，因为世上没有罪这件事。

死亡对我们来说是难以面对的事，因为我们受造的时候，没有一种本事是用来对付它的。任何一种被拒绝、孤单或伤害的形式，对我们来说，都是非常难对付的事，因为我们受造的时候，并没有这些内在的本事来对付这些事。我们的生命并非为着眼

前的这世界而设计的, 而是为着亚当夏娃未曾犯罪时的那个世界而设计的。

再来思考另一个不同。如果罪和死亡未曾进入这世界, 那任何一个跟你往来一辈子的人, 他们唯有向你表达绝对的爱、接纳和好奇。他们对你会充满着那种美丽和惊奇的感觉, 他们会觉得跟你在一起是一件非常开心的事。他们会庆贺因你而有的各种令人难以置信的恩赐和资源。每一个生在这世上的人都会感受到被欢迎, 被肯定, 这会给我们的人生带来极大的影响。

我们实在无法想象如果亚当和夏娃不曾犯罪, 我们将会是何等地喜乐。尽管我们难以想象, 但那确实是神原先为我们所设计的生命。想象一下亚当会是怎样的一个人, 他拥有一切的能力, 无论是在思想、情感、心灵、愿望上, 还是在理解力和思考力上, 他的智力远超过我们中间的任何一个人。照科学家所说的, 我们仅仅使用了我们脑容量的百分之十。那亚当在思想和智力上一定都发挥到百分之百的程度。他来到这世上, 就立刻领受并经历到了神完全的爱, 这爱是神浇灌在他的生命里的, 没有任何的阻碍。

亚当来到这个世界的时候, 他的生命完全浸泡在奇妙和爱意中, 因为他一睁眼就看到神的眼睛, 就是天父的眼睛。当他睁开

双眼的时候, 就是他灵魂的窗户打开的那一瞬间, 他凝视着天父的面, 他的内心深处就被神所充满。你看, 神是爱, 神的心意是亚当和夏娃的每一个儿女, 都会被同样的爱、同样的启示、同样的本质所充满, 每一天, 一辈子, 直到永恒。

我们是为着这样的存在而被设计的。**我们被设计，原本是要一出生就进入神作为我们的父亲的完全的经历之中**。我们的自然出生原本就是要引我们进入那祝福中，这祝福就是认识到神是我们的父亲，而我们是祂的儿女。我们不会有"安全感"这个词，因为我们不会有一种认知的能力去感知什么是没有平安和缺乏安全感，因为我们会活在完全的平安和安全中。至于恐惧的感受，也是不存在的。

如果罪和死亡不曾进入这个世界，你的父母也不会是你曾经体会过的那种父母。他们会以一种完全不同的方式来养育你。他们的父母（就是你的爷爷奶奶）会是浸泡在天父的爱中成长的，他们对你父母的爱就会像神一样爱他们，远超过你曾经历的任何一种爱。让我再重复一次。**我们的自然出生会是我们进入天父对我们一切祝福的入口**，会是我们认识祂的同在、祂的供应、祂的慈爱、祂的关怀的入口，以及祂引导我们进入祂心中为我们存留的每一个祝福的入口。

第二次出生

然而，照我们所知道的，亚当和夏娃**的确犯罪**了。因为亚当和夏娃犯了罪，神就为我们设计了**第二次的出生**，使我们能够明白天父对我们的爱，使我们能够进入祂作我们的父亲的完全的经历。这样，当天父差派耶稣来为我们死的时候，事实上天父是为

我们打开了一扇门，而这扇门就是耶稣。耶稣没有打开那门，祂就是那门。

天父为我们打开了那扇门, 使我们归回祂。这样我们就能再次享有亚当和夏娃曾经失去的一切。这就是赎回的意思! 神差遣祂的儿子来到世上的整个目的就是为我们赎回因亚当和夏娃犯罪而失去的一切。事实上, 祂为我们赎回的远超过我们曾经失去的。因为, 除了能够像亚当那样做神的儿女之外, 我们更在基督里成了神自己生命的一部分。多么美妙啊! 当我们重生的时候, 我们就能像亚当夏娃未曾堕落时那样来认识我们的天父爸爸。这样的看见让我们一瞥成为基督徒的真义, 让我们真正明白我们的命定和神在我们生命中的工作。

在有效服侍他人方面, 对救赎这样全面的理解是至关重要的。神终极的目的是恢复你我的生命, 恢复到**亚当夏娃未曾犯罪时的 状态**。这就是十字架的目的, 就是救赎的目的。也是我们成为基 督徒的目的。神在我们生命中所做的**每一件事**, 都是为了恢复我 们到亚当夏娃无罪时的那种状态。默想假如我们出生进入那样的 一个世界, 生活会是怎样, 我们对自己的感受又会如何, 这是非 常值得的。神要我们明白祂对我们的爱, 因为爱能够在我们内心 深层建造起稳固的根基, 让我们的灵魂有绝对的安全感。

当你知道神爱你时, 你就不会在神作为你的供应者的教义上挣扎。很多时候, 你可以努力去相信神会在物质的需要上供应你; 你可以抓住神的应许, 操练你的信心, 尽力照着你所愿的去相信神; 你可以积极宣告, 不断重复, 尝试把真理吃进去。但是, 如果你不是在心里真正知道天父爱你的话, 那要你有把握地相信天父会一直看顾你这个事实, 那会很困难! 如果神是你的天父并非常爱你的事实已经成为了你心底的根基，那么要相信祂会看顾保守你一生就不会有什么困难了。爱是信心的根基；事实上，爱是我们基督徒生命里**每一件事**的基础。经历和行走在天父的爱里， 是基督徒生命的总归。

许多人将敬虔的生活描绘成这样的，就是不断背诵真理信条。事实上这么做对你并没有什么说服力。可是，当神的爱充满你的心，你**知道**祂爱你的时候，圣经对你来说就变成一本完全不一样 的书了。我们在创世之前就被神拣选了。不是我们拣选了神，而 是祂拣选我们，让我们经历不可思议的生命，直到永恒，并且已 经开始了！**这就是**神赐给我们的永生，就在此刻！神对我们生命 的目的、计划、方向都是为了将我们赎回，好让我们的生命完完 全全地活出祂计划中要我们活的样式，就是在人类堕落**之前**的那 种样式。"失乐园"在基督里失而复得了！

神孕育了你

先知耶利米这样写道：

耶利米说，耶和华的话临到我说："我未将你造在腹中，我已晓得你；你未出母胎，我已分别你为圣；我已派你作列国的先知。"（耶利米书 1:4-5）

这段经文并不是说我们每个人都被指派作列国的先知。从一般意义上来说，每一个人神都有所指派；具体而言，某些人确实是被指派作列国的先知，例如耶利米。我相信，这段经文的前半部分跟我们每一个人都相关，因为在这里讲到耶利米的受造。"

我未将你造在腹中，我已晓得你。"这个实在叫我费解。神的意思究竟是什么呢？耶利米母亲怀他之前，神**怎么**能知道耶利米呢？

如果你单纯从生物学的眼光看这事，耶利米在他母亲腹中之前根本是不存在的。这里所讲的也不是轮回转世。轮回转世的人生观不是圣经的教导。这样，神怎么知道耶利米呢，在他还没有在母腹中成形的时候？没错，神**真的知道**耶利米。

那就只有一种说法才能说得通。亘古以前，在耶利米在母腹中成形之前，神已经在祂的心意里孕育了耶利米，并且确定了耶利米所要成就的事情。神设计耶利米整个人，他的身体，他的思想，他的情感，以及他的灵命样式，他将拥有的恩赐和天分。这样，神就可以说，在耶利米尚未在母腹中之前很久很久，"我就已经完完全全知道这个人将要成为怎样的一个人了。"

亲爱的读者，我相信对我们每一个人，神也是这样知道我们的。亘古以前，神已经在祂的心意里孕育了你。神将造成一个独特的人，有特别的天然能力和才干。你父母甚至连你是男是女都无从知道，可是，神却对你的一切了如指掌。神知道你会长多高，你会有多重（该增加或减少几斤），神知道你的头发会是什么颜色。神知道你的个性，知道你会有什么样的天分。神赐给我们每个人一些能力，并不是每个人都有。神也给了我们一些限制，让其他人拥有这些能力。神设计你成为你会成为的那个人。祂知道你。你需要理解这一点，那就是神是你**真正**的父亲，因为在你还没有自然受孕之前，**神**已在祂的心意里孕育了你。

更令人震惊的是，神是在祂的爱里孕育了我们每一个人，因为神**就是**爱。换句话说，当神决定造你的时候，祂的心里是这么想的："我怎样造这个人，使他成为绝对可爱的？"**神在绝对的爱中设计我们每一个人**。有些人觉得自己来到这世上是一个差错，　他们觉得自己不应当出现在这个地球上。我对此深有体会。我母

亲跟我说过："你爸跟我结婚的时候，我们很想先有一个男孩。这样，当你哥哥出生的时候，我们真的很开心。接下来，我们觉得能够再有一个女孩那就太好了，果然就有了你的姐姐。那时我们很开心，就决定我们不需要再生了。"她接着说，"后来我们发现怀了你。"她停顿了一下说，"但是当**你**来的时候，是自带爱而来的。"换句话说，"在九月怀胎之中，我们真的不想要你！"

很多人有同样的经历，他们一直觉得自己真不该来到这世上。可能因为发现怀孕了，他们的父母**不得不**结婚，因此，在他们父母的心里，他们从一开始就成了一个头痛的问题。而美妙的事实却是这样的：在我们还没有在母腹中成孕之前，天父已经在祂的爱里孕育了我们。你是你真正的父亲的爱的结晶！

根本就没有不合法的孩子这件事。只有不合法的父母，因为每个来到这世上的孩子，都是被天父所爱，被天父所要的。这就是为什么祂能够藉着圣灵透过保罗在使徒行传中说，我们（基督徒或非基督徒）**都**是祂所生的。保罗之所以能够这样说，是因为神在原本对人类的计划中设计了我们每一个人。

我曾常常好奇："神是根据什么来设计我的？是不是在我被怀胎

之前五分钟才设计的呢？”神会不会惊讶地说：“哎呀糟了，又来一个！快快！再造一个吧！”究竟神在多久以前设计了我？是在我们出生前几分钟吗？还是几年前就已经设计好了？然而，　我深信，整个宇宙，甚至一个原子都还没有被创造之前，神已经设计了我们每一个人，因为神**在乎的不是宇宙，而是一个家**。神的目的不是祂能够拥有一个美妙的天地万有。事实上，神是为我们能生活在其中而创造天地万有的。我们望着天上的星辰，想象着它们将这样永远地运转下去。你知道神为什么这样创造吗？不

是要使我们有被吞没的感觉，或对自己的存在感到绝望，而是叫我们看见这些星辰的时候喊出"哇！"，让我们生命中的一切向神发出惊叹。神创造天地宇宙万有，是要让我们认识到，我们真正的父亲是怎样的。祂不是很伟大吗！！

照着祂的形象和样式造的

很多人走过这一生的时候，他们似乎觉得自己不属于任何一个地方，或者就不应当被生下来。有些人觉得自己好像不速之客，甚至觉得自己都不属于自己的家。他们一生做工攒钱，为房子还贷，最后拿到房屋产权证，可是，他们仍旧觉得自己不该活在这世上。然而，简单而明了的事实是，我们都是天父的孩子。

亘古以前，神就决定要有你，**你来到这世上的那天，是祂千万年前就期盼着的那一天**。唯一让祂感到遗憾的是，因着人的堕落，你的出生并没有将你带入天父对你的一切祝福之中。作为天父，祂一直爱着我们，但是，除非我们重生，否则就无从经历到祂**作为**我们天父的任何益处。于是，天父差派耶稣为我们死，使

我们得以重生，我们的**第二次出生**将带我们进入神作为我们的天父的一切祝福之中。

让我们看看诗篇 139:16：

我未成形的体质，你的眼早已看见了；

亘古以前，你的身体尚未在母腹中成形之前，神已经看见了。世界被造以前，神已经知道你的身体的样式了。你不是进化过程的结果，也不是自然界中毫无目的、毫无理由、莫名的存在。你的父母尚不能知道你是男是女，至少他们对此毫无发言权。但是，

亘古以前，当神为你确定了出生的时间和生活的地点之时，**祂**已经知道你的样式了。

我知道一些人生来就有身体残疾，诸如眼盲，耳聋，甚至更糟的。因着某种原因，人类打开了犯罪的门，打开了自己的软弱，蒙受撒但毁灭性的攻击，以致会有这样的事情发生。部分原因是由于人在医学上的错误，也许我们会在将来发现更多关于我们人类所做的导致更多痛苦的事情。

但事实是，你在母腹中成形之前，神已经知道你的身体的样式了，神说我们受造奇妙可畏。

我女儿是一个国际级的模特儿，已经十年了。我总认为她很美，即便她早上刚醒来的那个样子我都觉得美。记得有一次我问她："你们这些超级名模们是否觉得自己很美？"她回答说："她们都不觉得自己美。"每一个人都会说出自己的一两点令自己不

满意的地方。膝关节太突出, 鼻子大了点, 或者眼睛小了些什么的。从这里可以看到一件事, 那就是神对我们的奇妙的创造, 所赐给我们的与生俱来的样子, 已经不被我们自己接受, 已经被偷走了。

美的本体不会创造出丑的东西。艺术家的心, 是通过他的绘画作品表达出来的, 世上没有一副作品比神自己创造的作品来得更美。因此, 当神创造你我的时候, 就是祂自己本性的表达。祂创造我们是美的。但是, 很多人走过一生, 在公众眼中他们从来没有对自己有良好的感觉, 很多人都没有那样的自信站在别人的面前。他们有很深的羞耻感。他们似乎用一个帘子将自己跟别人隔开, 将自己遮盖起来, 因为他们觉得自己的长相、喜好、风格

等不被别人接纳。神创造了我们每一个人, 我们的方方面面祂都是精心构思设计的。

很多人觉得神照着祂的形象样式造了男人, 而女人只是被造来做男人的帮手, 这样, 女人受造做奴隶, 为男人服务。然而, 他们却没有认识到, 女人**也是**照着神的形象和样式造的。他们没有认识到, 女性特征和女性气质 (和男性特征一样) 也是神自己本性的表达, 是神形象的表达。我认识一个女人, 她家里没有一面镜子, 因为她认定自己长得丑, 照镜子只能让她难受。而事实是, 神从来没有创造一样丑的东西, 这样, 如果别人看不到你的美, 那只能说明他们跟神之间的差距太大了, 因为神认为我是美的, 同样, 神认为你也是美的。

不知不觉地, 好莱坞和名人文化已经渐渐形成一个新的美丽和

英俊的观念，而那样的美丽和英俊几乎是没有人可以达到的。这样的文化将我们对自己样貌的自信掳掠去了。我不反对化妆打扮。我曾经上电视台录制节目，他们告诉我，我需要上妆。那是第一次！难以置信，我洗了又洗才将脸上的东西洗掉！一个简单的事实是：神造你是美的，如果别人看不出你的美，那不是你的问题，而是他们的问题。

神才是最了解我的，也是最爱我的。神知道我所有的缺点，而祂还是绝对地爱我。我们不能说："我不喜欢这个人，因为他有太多的缺点了。"当我们无法爱一个人的时候，或者我们无法向一个人表达爱心的时候，那只能凸显一件事，就是我们远离了神。我们的天父在祂的心中和爱中孕育了我们每一个人，祂造我们是完全可爱的。**祂是我们真正的父亲**。祂是，并且**一直是你真正**的父亲。

从某种意义上说，你只是被借给你的父母。你父母对你毫无所知，但神却知道你的一切。神孕育了每一个人的独特性，祂设计了我们的方方面面。神是我们真正的父亲，如果我们接受耶稣，并照着祂的样式生活，那我们将会用我们的余生直到永恒来认识我们的天父。

恢复做神的儿女

我们一路谈论神是我们的天父，或谈论领受天父的爱，我们不仅仅是说神来到我们的生命中，让我们经历祂的爱的触摸，以医治我们情感上的创伤。确实，这样的经历和触摸会发生，但归根结底是，神在恢复我们成为祂的儿女。神正把我们赎回来，让我们认识到祂是我们的父亲，像亚当当初对祂的认识那样，更美的是，像耶稣对祂的认识那样。

天父最想的一件事就是我们能够来跟祂一同行走在永恒中， 像儿子那样跟祂同行。那就是祂要带我们去的地方。对我来说，最让我兴奋不已的，就是认识到神是我的父亲。使我们晓得我的每一样东西都是我的天父设计的，并且我是祂的儿子。从永远到永远，我是祂的儿子。当然，我不是耶稣，但那满有荣耀的真理是，"在基督里"祂已经成为了**我的**父亲，我现在是祂的儿子，且永远是祂的儿子。祂一直以来都想要这样。因伊甸园里曾发生的事，祂定要将我赎回来，我曾经是祂的儿子，而且永远是。

天父等了几千年，祂等待一个时候，就是你来到这世上的时候，当你来的时候，祂开心庆祝，因为在很久以前，在你尚未在母腹中成形的时候，祂已经认识你了。神一直在等着这一天，你的心终于领受了启示，知道祂是你**真正**的父亲。像所有爱儿女的

父母那样，他们等待着那一天，就是孩子第一次开声喊出"爸爸" 的那一天，天父也一直等你等了几千年，等你仰望祂，看着祂， 从你的内心深处喊出："爸爸！"

6

孤儿的灵

2002 年我在多伦多的一个特会上第一次听到"孤儿的灵" 这个短语。在我讲道开始之前的十五分钟我听到神对我说了这个短语。我赶紧翻阅圣经，有一节以前读过多遍的经文震撼了我，于是，一切都改变了。我走上讲台，就在我讲道的过程中，整篇的信息也就形成了。那时我不知道我会讲出什么样的道，但这节经文忽然间光照了我，以致后来这篇道就成为整个天父的启示的最耳熟能详的一篇道。事实上，你可以说，这篇道已经成为我们事工的旗舰教导，为整个事工的其他教导提供了根基性的范本。

震撼我的那节经文是在约翰福音 14 章，那正是耶稣在世最后几天所说的话，大约是在祂被钉十字架之前约一周的时候。杰克·温特曾经说过，临终之言是一个人一生中最为重要的话语。 当我那天在多伦多读到这节经文的时候，简直像是地动山摇。作为基督徒，我的生命从此不再一样了。我曾经领受过诸多的启示， 而这一启示从根本上改变了我对自己人生的看法。我的神学教育出自五旬宗灵恩神学，这节经文猛然间将我带到天父那里，而在这之前我却未曾了解过祂。

一节奇怪的经文

在我告诉你究竟是哪一节经文之前，我先告诉你一些相关背景。约翰福音是整本圣经中我最先读到的一卷书。所说的这节经文我已经读过好多遍了，可就是没有发现它那重大的启示。事实上，我看它只是一节奇怪的经文罢了，却是我没有真正理解的一节经文。这节经文里有一个词，是整卷约翰福音书其他地方都没有出现过的。这个词在整本新约圣经的其他地方也仅只出现过一次。然而，在多伦多的那次特会上，这个词从圣经上向我跳过来， 于是，一切都改变了。神开启了我的眼睛，让我看见从未曾看见的事。

让我稍加解释，你便知道我何以有如此的震撼。当初我读神学的时候，约翰福音书里的每一章，老师都会给我们一个关键词。只要你记住一个关键词，那么几乎你就能够把握到整章的大致信息了。而对整卷约翰福音书，又有一个钥节，记住这一个钥节， 也就能够把握到整卷书的内容了。那钥节（约翰福音 20:31）说： "但记这些事，要叫你们信耶稣是基督，是 神的儿子，并且叫你们信了祂，就可以因祂的名得生命。"这确实对我的理解有很大的帮助，但是，当神开启我的眼睛，看到约翰福音 14 章，我发现一节经文，这节经文可以说是整个圣经新约的钥节，甚至是整本圣经的钥节。当这节奇怪的经文忽然发出它启示性的光芒的时候, 实在令人惊叹。

这节改变我的一切的经文是约翰福音 14:18。它是简短的一节经文, 但却有着丰富的内涵。耶稣将它说出来了, 约翰将它写了下来:

"我不撇下你们为孤儿, 我必到你们这里来。"

当这个光照临到我的时候, 有生以来第一次我感到我开始明白人类最根本的问题了。人类最根本的问题不单单是我们每一个个体的挣扎, 也是我们人类个体之间彼此关系的挣扎。教会里的最根本的问题, 宗派之间摩擦的根本性问题, 家庭成员争吵的根本性的问题, 国家民族之间的战争的根本性问题等等, 一下子我看清楚了我们人类千百年来痛苦的最根本性的问题。我的观念经历了天翻地覆的改变。

曾经有人这样对我说: "詹姆士, 你的意思似乎是, 天父的爱是人类一切问题的解答。"是的, 我全心全意地这么认为, 因为每一个问题, 都有其根源性的事实, 那就是亚当夏娃在伊甸园里失去了他们的地位, 也就是他们失去了对天父的爱的领受! 当这件事发生的时候, 整个人类就从神的完全的供应中堕落了, 并失去了与神之间亲密的交往。

这样, 当耶稣说: "我不撇下你们为孤儿, 我必到你们这里来。"祂真正的意思是什么呢?

我们都是孤儿

首先我要说，这句话不是源自耶稣的心和思想。祂确实说了这句话，但是，这句话并不是出自祂的思考分析或祂的神学。这句话来自祂的父。耶稣说："因为我没有凭着自己讲，惟有差我来的父已经给我命令，叫我说什么，讲什么。我也知道祂的命令

就是永生。故此，我所讲的话正是照着父对我所说的。"（约翰福音 12:49-50）。所以，这些话是来自天父的心。

当耶稣说"我不撇下你们为孤儿"的时候，你要知道祂并不是在一所孤儿院里说这话的！从正常的情况看，当下绝大部分听到这句话的人都不是孤儿。我们知道，当耶稣说这话的时候，彼得和安德烈是在场的。他们俩是有父亲的，耶稣当初呼召他们时， 他们正跟自己的父亲打鱼呢。雅各和约翰也是有自己的父亲的。他们是西庇太的儿子（人称他们是雷子）。我们知道他们的母亲还活着，他们的母亲后来还找耶稣，求耶稣让她的两个儿子将来在神国里，一个坐在耶稣的左边，一个坐在右边。他们的母亲也是耶稣的跟随者，她相信耶稣就是弥赛亚，显然，她非常爱自己的两个儿子，希望他们得到最好的。很明显，他们都不是孤儿。

可能当时听众中只有那么一小部分人真的是孤儿，但天父是对他们所有的人说："我不撇下你们为孤儿，我必到你们这里来。"这就是神对我们所有人说的话，直到今天，这句话跨越每一个世代，回荡在历史长河中。

因此，我们的结论是，**天父看全人类都是孤儿。祂看我们都是孤儿。**

孤儿的灵的起源

为何神看整个人类为孤儿呢? 要理解这一世界观, 即整个世界都是处在 "孤儿" 的状态, 我们需要对其追根溯源。让我们看以赛亚书 14 章, 在这一章里, 帘幕被撩开了一角, 我们窥见创世之前的一些秘密。这是一段神透过先知以赛亚对巴比伦王所说

的预言, 是对当时那个世代说的。但是, 许多预言都可以有更为广泛的应用, 并且经常可以从更多层面去解释。

从第 12 节开始, 很清楚看到, 这个预言有另外的应用, 应用到比以赛亚和巴比伦王他们所处的时代更久远的时代。有些圣经版本在这一段经文前面放了一个小标题, 叫 "**路西弗的堕落**"。许多学者相信这一段经文讲的是关于撒但的起源。

这段经文这样开始: "明亮之星, 早晨之子啊! 你何竟从天坠落? 你这攻败列国的, 何竟被砍倒在地上? 你心里曾说: ……" 接着有五个以 "我要" 开始的叙述。我们可以看到, 路西弗的堕落源起于他的内心: "我要做这些事。"

"我要升到天上, 我要高举我的宝座在 神众星以上; 我要坐在聚会的山上, 在北方的极处。"(以赛亚书 14:13)

我并不完整了解这句话的意思, 但我确实知道叙述中的 "我要"。他说: "我要升到高云之上, " 他的野心是: "我要与至上者同等。" 路西弗心中所起的野心就是要代替全能的神, 取而代之, 坐上神的宝座, 最终像神一样。他不是说: "我要站在神的身边, " 而是说, **我要让我自己像神一样!** " 撒但的野心并不是要

变得像神, 而是代替神! 若这事真的发生了, 那撒但会成为整个宇宙的终极主宰。

我相信, 这个野心一直在路西弗心中长大, 一直到生命的王耶稣被钉死的时候, 他真心相信他已经取得了成功。然而他没有想到魔高一尺, 道高一丈, 他最终的结局却是堕落和败亡。

我希望在这里着落一个要点, 那就是这整件事的总结, 是这样的: 当路西弗心中生出要代替至高者的黑暗野心的时候, 事实

上, 他是说:"再也不会有一个父亲管着我了!"然而, 照着神的本性, 袖是"父亲", 天堂充满了神的父爱。这样, 路西弗实在说的是:"我不想要一个在我以上的父亲, 我要成为那父亲。没有人可以在我以上, 我不是儿子, 我不臣服于任何一个人。"

在以西结书 28:12-19 有一段非常相似的经文。这次是先知以西结对推罗王发预言, 同样, 这预言有着更深层面的意思, 要比这预言当时的背景来得更加遥远。我们从中可以看到孤儿的源起。这里再一次说到路西弗, 经文这样说:

"你无所不备, 智慧充足, 全然美丽。你曾在伊甸 神的园中, 佩戴各样宝石。"

当我们读的时候, 我们看到撒但被造的时候并非邪恶。他曾被称为"发光者"。他原是智慧充足, 全然美丽。"你曾在伊甸 神的园中, 佩戴各样宝石。"他美到令人难以置信, 是一切受造之物中最美的。并且他充满了智慧, 但是, 因为他对自己的美的眷念, 他的智慧就败坏了。他原来的地位跟神的宝座非常接近。

"你是那受膏遮掩约柜的基路伯, 我将你安置在 神的圣山上, 你在发光如火的宝石中间往来。你从受造之日所行的都完全, 后来在你中间又察出不义。"(以西结书 28:14-15)

这罪恶就是他企图取代神和摆脱神的野心。他的野心就是要取代神的位置, 这样他就能够为所欲为, 作威作福。这就是今天一切罪的基本样式。

16 节说到:"因你贸易很多, 就被强暴的事充满, 以致犯罪,"

接下来说:"所以我因你亵渎圣地, 就从 神的山驱逐你。"第 17

节说:"你因美丽心中高傲,"注意这里并没有说他的美丽被除掉了。"又因荣光败坏智慧, 我已将你摔倒在地。"

新译本这样翻译:"把你抛弃", "我把你抛在地上"。耶稣亲自看见撒但像闪电一样从天上坠落。那场面一定非常动人心魄! 他被扔在地上, 从神的面前被抛在地上, 从神的圣山那里被丢出来, 从天堂被摔倒在地上, 并且带着跟随他的天使们一起堕落。

从天父的爱中被赶出

我不知道天堂是什么样子的, 我不曾去过那里。我所知道的都是圣经告诉我的, 那就是在天堂, 不需要太阳或月亮, 因为神自己就是光。神充满了天堂, 因为神是爱, 这就意味着天堂充满了爱。

想象一下那会是什么样子的。我们所要去的那个地方，我们的每一口呼吸，都好像是在呼吸着液体的爱。我们将会在这样的一个完全充满爱的环境中永远地生活。那里不再有被拒绝这件事了，因为你每一秒钟都会呼吸到被完全接纳的气息，那里充满了绝对并无所不在的爱。

天堂不单单充满了爱，那里充满的是一种特别的爱，就是天父的爱，因为神就是我们的天父。万有都是从祂而出。我们不能发起什么，是神发起了对我们的拯救，我们只是回应祂的邀请。神发起了创造，我们进入祂所赐给我们的一切之中。照着祂的属性和本质，神就是父亲。神不是成为了父亲。首先的，超越一切的，也是最深的，神的爱是父亲的爱。

撒但，他拒绝神是天父，被赶出天堂，从天父一切的丰富中被逐出。他想要成为那无父的，撒但的本质就是**无父**。他是一个

孤儿，而且**想要成为孤儿**。所以，对撒但是没有救赎的。他完全知道神，却选择拒绝神，于是被摔到地上，成为**终极的孤儿的灵**。

使徒保罗对我这里所说的有这样的看见。他在以弗所书 2:2 写道："那时，你们在其中行事为人，随从今世的风俗，顺服空中掌权者的首领，就是现今在悖逆之子心中运行的邪灵。"换句话说，在成为基督徒之前，你心里有一个灵，这灵引导你进入世界的体系。在这个体系中，你一直犯罪，活在神对你的计划之外，你需要重新活过来。空中掌权者的首领一直在引导你走在他悖逆的道路上，就是孤儿的道路上。

这世界是一所孤儿院

当我们明白撒但事实上是一个孤儿的灵时，我们就看清楚了这个
世界的道路了，事实上，这世界的道路就是孤儿的道路。撒但欺
骗了整个世界，他把我们带入他的价值体系中，以致整个世界体
系都运作在孤儿的方式中。当我们将罪定义为"失去目标"，实
际上指的就是失去天父，又过着孤儿的生活。

想想一个孤儿在孤儿院里的生活，再想想一个生活在健康的家
庭里，蒙父母爱护的儿子的生活。他们之间有着巨大的差别。

让我对孤儿的特点作一些概述吧。孤儿其最基本的事实是， 没
有姓名。通常，孤儿的名字是被改过的，或者他们是被抛弃的，
没有人知道他们的身份。他们没有背景，没有历史，没有来源。
他的姓名对他来说没有任何意义。当你生长在一个良好的家庭
里， 你的名字是源自你父亲、爷爷，可以一直追溯上去。你的兄
弟姐 妹们跟你有着同样的姓氏，因着同样的姓氏而知道自己同
属于一 个家庭的身份。然而，在这世界上，你会发现，人们想着
给自己

取名字，要使自己的名字听起来响当当的，要藉着一个好名字在
社会上得着一席之地。孤儿的心态不单单是这世界的现象，它实
际上是全人类内心的基本状态。

即便在教会里我们也能看到孤儿的心态冒出来。我们看到服侍
的时候，人们都想使自己的事工有名起来，想要做"大事"，想要
参与到"伟大的事工"中去。我记得我自己曾经就是这么雄心勃

勃的。而那内心里的动机却是："如果我成就了大事，那我一定会成为大人物。"这就是孤儿的特征。然而，儿子或女儿，他们会从他们的家中找到自己的价值和意义，从蒙爱和被珍惜中找到自己的价值。

关于孤儿的另一件事是这样的，没有人给他们任何东西。他们没有圣诞节礼物，也没有生日礼物。如果有礼物的话，那也是先给到孤儿院，之后随机分发给孩子们的。你只能凭着运气来得到自己想要的礼物。一个小男孩可能他很喜欢一艘玩具帆船，可是却得到一辆玩具卡车。一件平淡而随机的礼物，没有真实的情意和关怀。对孤儿来说，生日和圣诞节是毫无意义的。他们所学到的功课是，他们不会无缘无故地得到任何一个好处，这就是这个世界的标志之一。你得自力更生，没有人会给你任何东西，没有"免费的午餐"，所以，你得凡事争取"第一"。

孤儿是没有产业可以继承的，所以，你想要的每一样东西，你都得自己去拼命努力才能得到。得到后，你不会让任何人拿走它，因为你认定人人都想从你那里拿走它！这就是一个孤儿院里的生活，小男孩的食物总是被大男孩抢走，世界就是这样运转的。再看看你的理财方式。世界的理财体系这样说："生意就是这样啊，不讲情面的。"可是，对于那遭受损失的人来说，是非常伤

痛的。孤儿会发现自己很难慷慨解囊，因为他觉得没有人会给他们东西，这样以来，假如自己给出去，肯定没得回报。而一个儿子，他的看法却不一样，他认为："我的父亲非常慷慨，非常富足，他总是给我好东西。"

统治这个世界的体系就是孤儿的体系。例如，你知道吗，民主政体并非神的国度。在一个堕落了的世界里，民主制度或许是一个最好的治理体系，但其本质却是孤儿治理孤儿的体系。民主制度绝非是神的治理。如果你的教会的带领人，他有一颗孤儿的心，那你教会的整个事工就会充满着孤儿的气息。这气息会蔓延在教会的方方面面。

再举个例子：资本主义。或许资本主义制度是最好的孤儿治理孤儿的制度，但它肯定不是基于公正的制度。它乃是基于孤儿的价值体系，在买进卖出中赚取利润——尽量多的利润，管它什么正义和公平。然而，神的国度却不是这样的。神国度的运作原则却是给出你**所有**的东西——并且从神那里**领受**一切。如果有人强迫你走一里路，你就多为他走几里吧。如果有人打你这边脸，转过另一边让他打好了。如果有人拿走你的里衣，连外套也给他好了。

我所说的并非反对生意往来，也不是反对盈利。而是告诉你这就是世界运作的方式，我们需要在其中发挥功用，而更重要的是，我们需要认识到这绝非是神国度的运作方式。神的国度有着完全不同的价值体系，照着我们所能够的，我们应当竭力在神的国度中发挥功用，照着神的心意来做事。一些教会整体财政预算是按照资本主义制度的方式来操作的，其结局必定会毁了教会！神所做的远超过我们所能想到的，如果我们将自己限制在资本主

义制度的治理方式之下，那我们就限制了神所能做的一切。而当我们相信神在**祂的**财务体系中的供应的时候，我们就从孤儿的

心态转入儿子的心态了。

非基督徒与基督徒之间的不同，其实就是做孤儿与做儿子之间的不同。

想象的旅行

我想带你一起来一趟想象的旅行。我要你努力想象亚当被造的时候，他究竟是怎样的。关于此事，圣经在创世记第二章仅仅作了不多的描述。圣经说："耶和华 神用地上的尘土造人，将生气吹在他鼻孔里，他就成了有灵的活人。"想象一下，如果你是一个天使，看见神创造了整个天地，现在看着神造亚当，那场面会是怎样的呢？

我常常想为什么神不在第一天就造人呢，那样的话，人就可以看到神创造万物啊。那多棒啊，不是吗？为什么神要等到第六天下午才造人呢？我所能想到的唯一的答案，就是神**不想让人对祂的印象就是一个工作的父亲**。如果人见证了神的创造的大能，那在人的内心中就会渐渐沉淀一个印象，就是拼命干活，并取得成就。我们被造是为着享受神的安歇，除非我们的心进入到安息， 不然的话，我们与神的关系将会被阻拦。难怪圣经这么说："你们要休息，要知道我是 神！"（诗篇 46:10）

神塑造了人。其他所有的受造物神都是用一句命令的话来成就的，但是，祂用地上的尘土塑造了人。当天使们开始意识到神正在复制祂自己的时候，他们一定会惊讶到喘息。那是一个完美的创造。

神造亚当的时候，先是造好亚当的身体。一个完美受造的男性的身体，但还没有生命。然后，神向亚当的鼻孔里吹气。要向一个人的鼻孔吹气，你需要非常靠近他。如果你看到这个场景，这场景看起来像什么呢？**看起来好像神在亲吻亚当。**

当一位母亲抱着她刚刚生下的婴孩的时候，她的脸上有一种绝对惊奇和敬畏的表情。生产时所有的痛苦都忘记了，爱、温柔和惊叹洋溢在她脸上。我觉得任何一个女人，当她生下自己的第一个孩子的时候，她的心都是充满着这样的感受的。她知道这简直就是一个神迹，刚刚发生的神迹啊。

神我们的天父，祂是世上一切父母的原形。祂是终极的父母，我们都是祂的复制品。当神将生命的气息吹进亚当的鼻孔里的时候，祂生了一个儿子。在我的想象中，这是整个人类历史中最不可思议的时刻。如果你看着这整个过程，你所看到的一切，都是天父的爱和温柔，尽显在祂的脸上。

如果你看亚当，你会看见什么呢？你会看到他的胸口起伏有致，他的肺开始呼吸，他的心脏开始跳动。你会看到他的身体的颜色瞬间开始变化，他的心脏开始将血液推向身体的每一个部位，通过肌肉、组织，再到皮肤。他的身体的每一个器官都开始工作。可能，肌肉吸收到氧气的时候，手指、脚趾、眼皮等就开始动起来。身体各部位就开始动起来，因为整个身体正在活起来。不仅仅是身体活起来，亚当的头脑也开始工作。头脑动起来了，却没有任何东西可以想的，你想象那会是怎样的？记忆力开始运作，却没有任何的记忆，那又是怎样的啊？什么都没有！亚当在那里，却没有任何的输入。这就好像一部开启的电脑，却没有操作系统。彻底的裸机。

当亚当接收到他的头一个输入的时候，好戏开始了。你会觉得那个时刻是怎样的呢？他做了什么，使得自己能够接收到那第一个信息呢？我想那就是他睁开眼睛的时刻。当他睁开他的眼睛的时候，你觉得他看到什么了？爱透过触摸、声音，以及眼睛传递进来了。眼睛是灵魂的窗口。

亚当睁开他的眼睛。你觉得天父那时会去看手机，看报纸，看电视，或者踢球吗？绝对不会！当天父将祂的儿子带来的时候，祂会全神贯注地爱祂的儿子。神不是一个兼职的父亲，祂实在是全职父亲啊。**我们**可能被其他事物占据，但在神的心里，除了我们，没有任何别的关注。这就是我们啊！当亚当睁开他的眼睛的时候，他发现自己是在一道爱的瀑布之下，天父的爱如同尼亚加拉瀑布那样向他浇灌下来。**亚当正在吸收着整个宇宙中全部的爱**。这样的想法实在太惊人了！我无法想象那时亚当会是怎样的，他所经历的第一件事情居然是全能的神所有的爱。亚当清楚他被神完全并彻底地爱着。

我原以为只有我一个人想到这一点，可是有一天我发现使徒保罗也有同样的看见。当这段经文忽然间临到我的时候，我想："保罗啊，你这老顽童！你也知道这个啊！"让我们听听保罗说的：

因此，我在父面前屈膝，求祂......叫你们的爱心有根有基，能以和众圣徒一同明白基督的爱是何等长阔高深；并知道这爱是过于人所能测度的，便叫　神一切所充满的，充满了你们。（以弗所

书 3:14-19)

扎根在爱里面，建基在爱之上。亚当生命最底层的根基是扎根在爱里面，建基在爱之上。这不是很奇妙吗？每一个基督徒所

承受的产业就是睁眼领受天父赐给我们的奇妙大爱。这不是基督信仰额外附加物，这实在是基督信仰的根基！可以说，这不是书架上的一本新书，而是书架本身！这不是在我已有的生命经历上加上一些新的经历，这是整个生命的基础！！我生命最根本的一个确信，就是**天父爱我**，我透过它来诠释一切事物。

几年前，在一次会议上，有一个人会后来见我，说："詹姆士，你说天父的爱是我们的基础，可是真的……十字架才是基础啊，不是吗？"在这之前我还从没被问到这个问题，之前我也没有想过这个问题。但就在一瞬间我看到了一些东西，于是我回答说："**十字架是天父的爱的一种表达。然而，天父的爱不是十字架的一种表达。**"

让我这么说吧，当你重生的时候，你潜入救恩的井，遇到耶稣的爱。你继续潜入，于是你被耶稣的宝血洗净！你继续潜入， 耶稣成为了你的主！你进入更深的时候，你得到圣灵的充满！你继续深入，你开始能行神迹。你再继续往前，你开始服侍，满了恩膏！这样，你在救恩的井里越潜越深，称义成圣。最后你潜到了井底，发现**一切**都是从那里涌出，那里就是天父的爱。我说的就是这个！天父是源，天父的爱是所有其他的爱的根源。

乐园

亚当第一次睁开自己的眼睛的时候，他的生命就扎根于爱里面，建基于爱之上了。然后，神为他造了一个妻子。那时候她还没有名字。他们俩都叫亚当。爱是一体。亚当（和夏娃）拥有这样的一体，就好像我们渴望完全合而为一那样。神已经为他们创造了一个美妙的环境，将他们安置在其中。

亚当（和夏娃）生活在这园子中，完全浸泡在天父的爱里。天父天天都跟他们在一起。我们需要了解一件事，那就是神跟亚当之间的关系，是父亲跟儿子的关系。圣经将亚当称为"神的儿子"。我曾经尝试想象他们在一起的生活会是什么样子的，但做不到。他们活在不止息的平安里，比平安**更深**的平安里。在那里甚至都没有平安这个词，因为除了平安没有其他选择了。他们活在完全和充足的喜乐中。你或许可以跟他们一起坐下，然后尝试解释什么叫做没有安全感，他们可能搞不清楚你在说什么。惧怕这个东西完全不在他们的生活圈子里。伊甸园中的生活，是天真无邪的生活，但从另一个角度讲，那是成熟生命的典范。我们渴望那样的生活，而那生活对他们来说却是非常自然的。

我们知道撒但给他们设下一个圈套，当撒但设这个圈套的时候，他实在设得很好。我年轻的时候，也做过设圈套捕捉猎物的事，捉到猎物剥皮换钱谋生计。我在林子里设过很多的圈套，设圈套的一个关键就是要让它们看起来很有吸引力。如果你的圈套看上去很危险，那你不会捕捉到任何东西。圈套一定得比常态来得**更有**吸引力，那动物就一定会自投罗网。

撒但的圈套的第一部分，是向女人承诺说，如果她吃了那树上的果子，她就会像神一样。夏娃爱神。我们有很多人祈求神使我们像耶稣。为什么你这样求呢？因为你爱耶稣！爱使我们想要相像，并且跟所爱的联合。显然，夏娃对撒但的承诺很感兴趣。她想要像她的父亲。她**爱**神。

接着，撒但告诉夏娃，那果子很美。有一件事我是清楚的，就是女人都爱美。我曾住过一些地方，那些地方只有男人，而那些地方的房子都不美，能住就是了。但女人爱美。

夏娃看见那果子，觉得那果子确实很美。她认为那果子是好的，好作食物。好的食物可以表达对家人的爱、关心和滋养。于是夏娃伸手，摘了那果子，并且吃了。当她吃了那果子后，发生了什么事呢？**什么事也没有发生**。

亚当和夏娃是非常合一的，他们甚至不可能独自犯罪。直到亚当也吃了以后，他们俩的眼睛才开了，圈套就收起来了……砰！ 再也不能回头，他们无法逃脱，后果已经定了。我相信他们根本不知道那后果会是怎样的。他们知道如果他们吃了那果子，他们就会死，但他们可能根本没有意识到这个后果的严重性。

他们之间的合一随即消失了。"亚当给他的妻子取名叫夏娃， 因为她是众生之母。"（创世记 3:20）从这时开始，夏娃有了单独的名字。他们变成了两个人，在那之前，他们原是一个。C. S. 路易斯的总结是，那天，有一把剑插入到两性中间。那是一把充满敌意的剑，插在男性和女性中间，直至现在尚未恢复他们原本的状态。然后，神用皮子做衣服给他们穿上。就在此刻，他们见证了流血这一事件。"耶和华 神说：'那人已经与我们相似，能知道善恶，现在恐怕他伸手又摘生命树的果子吃，就永远活着。'……"（22 节）然后，神将他们赶出了伊甸园。

中了圈套之后，罪就成为他们的主人了。罪的问题就在于， 它会紧紧地抓住你，你靠自己无法摆脱。罪控制了你。唯一能够破除罪的权势的，是透过耶稣的血。你不可能靠着下决心痛改前非来破除罪的权势，但是，当耶稣的血进入你的心，你就从罪的辖制中得自由了。亚当和夏娃步入了罪中，而那时耶稣的血尚未赐下。

两个可怕的选项

神有一个难以置信的决定要做。记住，神爱他们，要将最好的给他们，然而现在，他们走了一条路，在这条路上他们只有两种可能性。神可以将他们赶出伊甸园，也可以将他们留下作为罪人一直活下去。

神看着亚当和夏娃，罪的重压落在他们的身上。他们此刻正带着越发沉重的罪疚感陷入深深的绝望中。他们的个性从内里渐渐坏去，被贪婪、不安全感，以及惧怕抓住了。我唯一能想到的是电影《指环王》中的人物咕噜姆，让我对亚当夏娃的处境有所感受。被造的人被一种邪恶的力量抓住，人无法放开它，无法停止追求它，尽管它会从内到外毁灭他，却还是停不下来。人开始变得扭曲，像虫子一样，从他原来的样式堕落下来，这样的堕落不断地在他的生命里产生作用。

我相信，当神看着亚当和夏娃的时候，祂意识到有一件事情正在亚当夏娃的生命里发生着，那就是他们开始堕落了。天父的心说："我们不能容许这情形永远继续下去！不能让他们在一万年后，还仍然活着，**继续败坏**！我们不能让他们再去吃那生命树上的果子。我们要将他们从伊甸园逐出。我们必须阻止他们靠近那生命树！"于是神告诉他们："事情到此为止，你们必须离开！"

亚当夏娃听到神说这些话的时候，他们的心中的感受是怎样的，这实在叫我们难以想象。他们不能为了他们的处境责怪神。他们自作自受更让他们感到绝望。神，慈爱的天父，来到他们面前。神将他们逐出园子并非出于对他们的惩罚或审判。神送走他们是两害相权取其轻的选择。神将亚当夏娃逐出园子的时候，他们或许是人世间古往今来最最心碎的人了。

当一个人伤你的心的时候，有两件不同的事情决定了你所承受的痛苦的轻重。第一，越是爱你的人伤你的心的时候，那痛苦越大。亚当夏娃曾经蒙神所爱，而那爱是全宇宙中最大的爱啊！第二，如果之前你曾被伤害过，那下一次你肯定会有所保留。对于亚当夏娃来说，在那之前，他们从没**感受**过任何痛苦。他们对痛苦一无所知。而此刻，我相信，他们正在经历人所能经历的最大的伤痛。他们是有史以来世上最悲伤、最绝望的人。现在神推着他们，将他们推到园子门外去。这看上去好像他们是拖着腿不想走，而被天父硬推出去了。神这样做不是审判他们，神这样做也不是拒绝他们，神这样做，是**因为神爱他们**。

神不曾做过任何一件不流露祂的爱的事，神之所以将他们逐　出伊甸园，那是**因为**祂爱他们。我能想象，他们真的是不想离开，他们拖着自己的腿，想方设法拖延，因为一旦离开园子，有生以　来第一次他们将开始经历惧怕。园子外面的世界会是怎样的呢？ 神说的地必给你长出荆棘和蒺藜来，你必汗流满面才得糊口，这 些究竟是什么意思呢？那意思是神不再供应他们了！他们所需要 的每一样东西都在园子里！在园子外面他们怎样生存啊？他们只 能为自己建造一个不同的生活。他们将不再像从前那样看见神了。他们曾经拥有的生活就此结束了。

人类成了孤儿

神将他们逐出园子，事实上就是将他们从能够领受祂的爱的环境中推出去了。他们将不再经历神的爱了。罪总是带来分离， 他们的罪使他们自己与神隔绝了。他们心里清楚，一旦离开园子，那他们跟神的关系也就结束了。离开园子，就是离开天父爱的环境，变得更像那从天堂被摔下来的那位。他们渐渐成为无父的人。

整个人类，包括你和我，都在亚当夏娃里面，当他们从园子出来的时候，我们也出了那园子。**在亚当夏娃里，整个人类就成了孤儿。**

与此同时，在他们悲惨的境遇里，一件更阴险邪恶的事发生了。那像闪电一样被摔到地上来的那一位开始行骗。一个邪恶的联盟开始在被逐出天堂的孤儿的灵与这孤苦伶仃的男人和女人之间发展起来，他们现在完全不知道如何在园子之外生活。这样，撒但在欺骗中开始领导人类，在整个历史长河中，一直延续到今天。我们曾经都行走在撒但的道上，正像以弗所书2:2 说的一样。这世界成为了孤儿的社会。得救，被圣灵充满，亲近耶稣，这些都不能改变世界的状态。只有一个爸爸的出现，就是天父，才能消灭孤儿的状态。

很久以来，我甚至都没有想过这对神来说是什么样子。神以父母的爱来爱他们，神知道会发生什么事。神知道贪婪会抓住人的心，神知道，人彼此之间将开始纷争。神可以看见两性之间的那把剑。神看得见离开园子后那男人与他妻子之间那看不见的隔阂。现在，他们完全成为了孤儿。

几年前我在俄罗斯的圣彼得堡。那时是十一月，很冷。有一天傍晚，我出去溜达，有一个小男孩，大约九岁那样，从我身边跑过。他只穿了一条棉质短裤和一件短袖棉衬衫，他光着脚，腿很脏，头发很久没剪了，肩上挎着一个装着柴火的小袋子。我猜想他可能想找一个地方烧柴取暖。当他跑过的时候，他停下来，转头看我。我绝不会忘记他的那张脸。分明是一个小男孩，却长着一张中年人的脸！他脸上的表情似乎在说："**你**想要对我做什

么？"然后他转身跑了。世界上像这样的孩子很多。世界上的痛苦实在太多了，有些痛苦远超过我们的想象。

天父看着亚当夏娃走进这孤儿的人生，祂知道将要发生在他们身上的事。但天父更知道，这要比那种永远活着却不断堕落的生命来得更好。我相信，当时天父心里有一个巨大的哭声，忧伤的哭声。作为一个父亲我对此感同身受，当我的孩子疼痛的时候，　我宁愿自己遭受疼痛。看自己的孩子受苦比自己受苦更难受。看着自己的孩子受苦，而自己却帮不上忙，那实在叫人受不了。看，　天父正将自己的孩子赶出家门，而祂明知他们将遭遇的苦难。我相信，那哭声是从天父的心底里涌上来的。当这个世界

不断败坏， 痛苦不断加增的时候，祂的哭声越来越痛。祂看到祂的所有的孩子，就是整个人类，在痛苦中活着。祂为父的心顾念他们，祂知道孩子们将很快忘记祂，甚至忘记祂的存在，忘记祂对他们的爱。

天父的拯救计划

天父对人类充满了怜悯，于是祂不断差派人去告诉人类祂对他们的爱。天父差遣教导他们律法的人和士师们，祂还差遣君王们和祭司们向他们陈述祂的心意，告诉人如何生活以致可以脱离那一切的痛苦。天父甚至呼召一个民族来为祂作见证，但这都未能如愿。整个人类陷入痛苦的孤儿的生活状态之中，经历着异常的孤独和心碎。天父看着自己的孩子们受苦，极大的呐喊在祂的心中回荡。于是天父差遣祂的先知们，祂差遣以色列的母亲们。祂差遣诗人写诗，以此来传递祂的心意。然而，没有一个人能够完整地表达祂的心意。一个也没有！

最终，天父差遣祂自己的儿子，这儿子可以完完全全地代表着天父自己，就是天父自己的形象——祂的儿子，祂不单单会说出天父所要说的话，并且**完全以天父自己所要的方式**来说话。天父差遣耶稣！于是，神儿子耶稣来到了这世界，祂完全脱离这世界的孤儿的体系，以儿子的样式生活。耶稣不受渗透在整个人类世界的孤儿的生存伎俩和骗术的影响。祂以一个儿子的样式来到这世界！祂所讲的话叫世人惊奇，因为祂是蒙父所爱的，就是我们完美的天父的爱。耶稣脱离罪的影响，且能够将自己这样自由的生命延伸祝福到别人。祂不受病痛的捆绑，不受撒但的辖制，完全自由。祂能让罪人确信自己的罪已经得赦免，祂命令那瘸腿的起来行走。祂吐唾沫在瞎子的眼上，他们就得以看见。祂来到这个孤儿之堕落本性的世界里，却完全活在自由中，借此让我们看见天父究竟是怎样的父亲，祂借此向这世界还原一个久违的知识，那就是**天父正爱着我们**。

在耶稣受难前几天，祂**终于**可以将天父的肺腑之言说出来了，像火山爆发那样，影响着世世代代。祂**最终**可以表达祂的天父要　祂表达的，就是天父的呐喊，这呐喊在亚当夏娃当初被逐出伊甸　园的时候就回荡在天父的心里了，亚当夏娃被逐出伊甸园，意味　着他们将开始无父的生活，就是被那从天堂摔到地上来的撒但之 孤儿的灵时时欺骗的痛苦生活。

最终，耶稣将天父的心清楚地表明出来，就是天父要祂说的话，以天父要祂说的方式说出来，

"我不撇下你们为孤儿，我必到你们这里来。"

当初天父看着他们走出伊甸园，成为孤儿的时候，天父不得不留在后边。而如今祂差遣儿子来，将祂与我们之间的一切的拦

阻拆除掉了，并且应许我们说："我要作你们的父；你们要作我的儿女。这是全能的主说的。"（哥林多后书 6:18）整个人类的孤儿的心是无法驱赶出去的。这并不是说孤儿的心本身很有魔力，而是它已经是**人**的内心的状态了。然而，当人这样的心遇见天父的时候，孤儿的心就冰消雪融了，孤儿的生活方式也开始消失。

耶稣不是我们进入天堂的门，**祂是天父走进我们的那扇门**！　那时耶路撒冷圣殿里的幔子从上到下被撕裂开来了，那不是说我

们可以进入到至圣所里。**幔子被撕开, 使祂能够出来**! 是天父自己将幔子撕开, 然后出来, 也就在这一刻, 整个宗教繁琐复杂的体系崩塌了! 以色列王国不复存在了。四十年不到, 耶路撒冷的圣殿就被彻底摧毁了。大卫的王族也消失了! 现在, 天父从圣殿里走出来, 要做整个人类世界的父亲!

福音的概述就是这样的。福音就是关于天父, 祂失去了祂的孩子们, 祂要孩子们归回。

天父差派祂的儿子来, 将我们带回天父的家。祂说:"儿子,　去吧, 将他们带回家。那想要回家的, 就带他们回来!"圣灵的　工作就是将我们从孤儿的状态中带出来, 并使我们做儿子。耶稣　是以儿子的身份和样式来到我们当中的, 这样祂就成了那条路,　让我们透过祂能够归回天父那里。当你成为一个儿子的时候, 你　会越来越多地了解你的天父。这就是基督信仰! 这不是很美妙吗?　祂是这样好, 简直叫我难以置信! 祂就是要做我们的父亲来爱我 们。祂就是要将我们里面的孤儿的心驱逐净尽。祂正拉着我们的 手, 就是祂孩子们的手, 带我们回家, 跟祂在一起。

7

做儿子的奥秘

当我还是一个年轻的基督徒的时候，我就被教导说要成长成熟起来。在我们的基督信仰中，我们都在努力使自己成为刚强、有教养、有能力并且自信的人。然而，我们的主却努力将我们拉下来，祂要我们像小孩子一样。在这世界上，我们需要成为一个接受良好教育的人，这样我们才能生存，才能取得成就。但是，在天父的世界里，我们却需要变成小孩子的样式。多年来，我一直尝试努力拼搏要成长成熟，直到我发现基督信仰**真正**意味着什么。

神从根本上改变了我们对基督徒生命的整个看法。当蒂妮诗和我三十多岁的时候，我们在新西兰的一个小镇上牧养一个小教会。那是我们第二次牧养教会，我们的服侍相当忙碌，几乎每个晚上和周末都在辅导。有一段时间，我们有两个星期没有在午夜前上床睡觉了。我们也有一个异象，要建造一个事工中心。有一个朋友奉献了一百英亩的地，我们也搬过去帮他一起建造。我们建造房子，安装水电和排污系统，也修好了那条通到聚会点的乡间小道。

然后神跟我们说，要盖造一栋更大的房屋，里面有八间房间。于是我们开始为二十五万美元的工程造价祷告。除此之外，我们开始收到新西兰之外的讲道邀请，于是，我们实实在在地又忙碌了四年。从我们醒来，到我们躺下（我们还求神晚上给我们异梦），我们整个活在、吃在、呼吸在、睡在神国里了。我们竭尽所能做我们所能做的，就是拼命做神的工。

有一天，忽然间一切都改变了。那天早上，我在家门口等蒂妮诗从楼上下来，我们一起要去教会。当她走到最后一级台阶的时候，突然坐下来，开始哭。了解蒂妮诗的人都知道，她不会无缘无故哭泣的。如果她哭了，那肯定有什么**大事**不妙了。是不是刚才她接了什么坏消息的电话？可是她还是哭得很厉害，甚至她都无法告诉我为什么哭。我就一直问她："出什么事了？"可是，她还是不能说话。到最后，她所能说的就是："**我没法再面对那些人了。**"

枯竭，耗尽

我们俩全力连续服侍主十七年后，从情感上已经耗尽了。我们生活的方方面面，吃穿住行，没有一样不在我们的事工中。那时我还在青年使命团学校授课，我们也在为一些事工项目祷告来筹集足够的款项，我们一直给在东南亚、韩国、美国、加拿大，以及南太平洋岛国的教会带去鼓励的话语。我们全身心投入服侍主，可是忽然间，我们撞墙了。

这事发生在 1988 年。因着蒂妮诗的状况，当时我决定我们不能继续服侍了。那时我以为我自己还不错。澳洲的四所青年使命团学校邀请我去讲道，于是，我们跟教会说我们打算休息半年，在澳洲那边把答应人家的事情做完，然后出去走走。然而，我们到了澳洲，我哭了！那时我可以坐在沙发上几个小时，呆呆看着地板一直流泪。是的，我们从情感上已经枯竭了。

期间，肯·怀特和他的妻子雪莉一起来看我们。他是为我洗礼的人，就是我曾经想告诉神我可以做他儿子的人。当他们准备离开回家的时候，肯坐进车子里，他将车窗放下了一点，要说点什么。他这样做是很有智慧的，因为他说的话让我想捶他一拳。他眼中闪烁着一丝光，对我说："你当然知道，詹姆士，只有你的肉体才会耗尽。"我们已经耗尽了，完全地枯竭了。

当我听了肯说的那几句话，我真是怒从中来："我从来没有靠着血气服侍啊！我们**每件事**都是藉着祷告，靠着圣灵的大能成就的，我们一直追求倚靠神的能力成就诸事！"他怎么能那么说呢？但问题是，他所说的是不容争辩的事实。如果都是神的工作，并且都是藉着祂的能力，我就不能说我耗尽了。假如你耗尽了，那只能说明一点，在你的服侍中有太多的"**你**"了。这实在是我难以面对的事实。在服侍主上，我一路走过来，所做的每一件事，都是被一个愿望驱动的，那就是神会藉着祂自己的能力，祂自己的灵来成就。我们常常唱这首歌："万军之耶和华说：不是倚靠势力，不是倚靠才能，乃是倚靠我的灵方能成

事。" 我发现很多

人唱了这首歌，然后走出去，仍然使用自己的势力和才能来做神的工。唱歌就是唱唱而已。

这样，我们一直忙碌，然后彻底耗尽了。后来我们离开服侍两年时间，什么都没有了，几乎从人间消失了。蒂妮诗认为我们再也不会回头参与任何形式的服侍了。而我也不知道，我的余生如果不服侍主，我会去做什么。那两年我们几乎没有服侍。我们尝试去工作，但就是最简单的事情，我们做起来都觉得难。做半小时有条理的思考都非常难。像在院子里除草这样的活我都觉得辛苦。每次除草后我就想去睡觉，并不是因为身体累，而是精神疲惫了。

我们走过这整个的经历后，我开始重新审度作为一个基督徒生命中的方方面面。我曾经将各种的职责和工作摆放在最优先的次序中，诸如我们的灵修时间，我的讲道的预备，探访病人。当我做牧师的时候，我的办公室的人流总是络绎不绝，他们带着自己的问题来跟我倾诉。他们离开的时候满心欢喜，却将问题**留给了**我，现在他们好起来了，**我**自己却焦头烂额了。这种情形年复一年不断累积，直到我无能为力为止。我开始想，应当有一个更好的做法吧。

被压成长

几年后，我接到一个邀请，去奥克兰的一个小小的灵恩浸信会教会做牧师。我就去见那教会的会众，并告诉他们我的健康状况。我将我的医生和亲友们跟我说的都告诉了他们。他们回答说： "我们不会让你太累。你一周只要花那么几天时间就好了，这会 是一个好的开始。"他们对我们太好了。接下来的七年，我们就

在那小教会服侍，他们医治了我们，我们也医治了他们，他们曾因为自己教会的牧师和长老们抛弃了他们而经历一段难熬的时光。这样我们专注于将人领回到主耶稣那里，而不是纠缠在那件事上，这样，在我们的相处中，主医治了我们所有的人。

1994 年，我听说多伦多圣灵浇灌的事，我就去了加拿大，看到神在那里所做的事，我被深深感动了。我有一种感觉，就是新的生命正在吹入我的生命中。我能感受到神的祝福，觉得我们正要开始全新的日子。然后，1997 年，我们买了环球机票，跟着杰克·温特开始一段新旅程，看看神要透过我们做什么。在接下来的四年半时间里，我们尽情地享受工作，在这事工中四处行走， 几乎到了连旅行箱都不用打开的地步，活在一个全新的生活中。

我刚信主的时候，被教导的主导信息是这样的：

"现在你成为一个基督徒了，你必须在主里长大。你必须成 熟起来。你要得胜，弟兄！不管发生什么事情，你一定得突破。你必须寻求神，在各种艰难中找到神，要成为一个得胜者！"等等，等等。

于是，就在这种持续性的压力下，我们变得成熟起来。那时候我们经常唱一首歌，我不喜欢那歌。歌词大多是从经文中抽出来

的，但其中有一行曲解了整个经文的意思。不管那歌的作者是谁，我先道个歉，因为那歌中有这么一段："我是征服者，我是得胜者，我与耶稣一同掌权。我与他一同坐在天上。"这都是圣经经文，然后接着一行，我就无法唱了。这行是这样的："我不知道失败，只知道能力和权柄。"我知道这应该是一个积极的宣告，但若要我认真说的话，这句话其实是虚谎的，因为我知道在我的生命中实在有太多的失败了，能力和权柄并不多。

这样的信息不断被强化，

"你必须说话正面积极。你不可让任何消极的想法进入你的思想，因为你是一个得胜者！你必须在信心里行走，并坚持到胜利。你的信心必须伴随你的行动，成为有能力的、充满信心的人。你必须懂得神的话语，听完所有的讲道，听所有讲员的讲道，读完所有的属灵书籍。你要成为一个全能的基督徒，成为成熟的神人！"

有句话这样说："当你成为一个基督徒，你就必须拿出行动来！"现在我意识到，即便你拿出行动来了，那也只不过是行动罢了！我们可以讲许多的积极正面的话，那也只不过是虚张声势而已，却不是真正出自信心。如果我们能够真实地看待自己的状态，不是否定客观现实，那我们就能赢得许多属灵的阵地。很多我们被教导要去做的事，只是一种逃避，而逃避绝对不是得胜。

白马上的骑士

若干年前，我看到一个异象，这异象改变了我的一切。在这异象中，我站在一片远古森林中。我意识到那是一片远古的森林，　是因为森林里的树木都是非常庞大的栎树，延伸出来的树枝也都非常粗大。这让我想起罗宾汉故事里的雪伍德森林。我站在那里，　　地上长满了草，我环顾四周，忽然间我看见我正站在一条古道上，　这古道已经经年未用了，其上草木丛生。我能够看到这古道的隐约痕迹，它穿过整片森林。当我站在那里的时候，我发觉从那森林里，有东西向我走来。

当它走近的时候，我看到它是一匹白马，其上骑着一个中世纪的骑士。他身上的盔甲十分耀眼，白里泛着银光。那骑士手持

一柄剑，举在空中，但剑刃平钝，并不是那种蓄势待发的锐利。他的另一只手伸长出来，手掌张开。奇怪的是他手里并没有抓住任何缰绳！当他靠近的时候，我看到那马在**跳舞**。向前几步，又向后几步。这样跳几步，又那样跳几步。马的动作不断重复，一点也不匆忙。骑士就这样坐在马上，高举双手，握着那剑。

那马跳着舞靠近我，骑士也就慢慢靠近，我的眼睛看到更多的涌动。从幽暗的森林里，很多人向着那条古道上走去。那马和骑士散发着荣光，光照亮了森林里的幽暗。一些人在哭，一些人在笑。剩下的人都是受伤的，他们正爬向那光，充满了喜乐。一些人像孩子一样跳舞，手拉手，围成一个圆圈跳舞。一些人在那路旁跪下，当骑士经过他们的时候，他们就举起手来敬拜主。那骑士并不是主耶稣，但他带着主耶稣的荣光，这荣光从他那里发出，照向幽暗的森林，那场面十分令人震撼。

忽然间，我发现自己站在了那古道中间。我一点都不觉得害怕，

我也不觉得我应当站到旁边去，好让他们过去。我站在那里，那白马向着我走过来，停下。那骑士戴着头盔，前面有面罩放下了，看不见他的脸。很明显，他对我不感兴趣，甚至连一眼都不看我。他就坐在马上，纹丝不动。凭直觉，我感到他正在邀请我踏上马镫，他的脚正踩在马镫里。于是我将我的脚踏进马镫，踩在他的脚面上，他的脚也穿着盔甲。然后我将自己拉了上去，踩在马镫上，站在他的身边。而他仍旧纹丝不动。他的剑仍被举着， 他的手仍旧伸出。我看向他，但我看不见他的脸，因为那面罩是扣下来的，面罩边上的缝隙实在很小，根本看不到面罩后面的脸。

于是我伸手过去，将面罩提起来，想看他的脸。可是，当我提起那面罩的时候，发现里面居然没有脸！根本就没有脸。于是

我将那头盔也脱下来，更叫我震惊的是，居然没有头！然后，我往里看，往盔甲的颈项下面看，发现盔甲里面居然坐着一个小男孩——一个小男孩！这小男孩脸上洋溢着笑容，似乎在说："这是本世纪最大的笑话！我只是坐在这马里面，我们只是跳着舞，我身边的这些事就发生了，人们出来，走向主，很多人的心被感动，被拯救，被医治，被祝福，每一件事都在发生着——他们都认为我是神的大骑士。但我只是一个小男孩！"当我看着这一切，我看到那小男孩，他的脸上挂着大大的笑容，于是我平生第一次开始明白基督徒服侍真正意味着什么了。

教会是一场宴会

多年来，教会被不同的方式描述着。它曾被描述像一个军队。有

人曾写过一本书，书名叫《穿战靴的新娘》。尽管我未曾读过这书，我必须承认我不喜欢那书名。想象一下你去参加婚礼，婚礼进行曲响起了了，新娘慢步走来……她来了……嘣、嘣、嘣、嘣。宾客们都转身迎接新娘，她的战靴踩在大理石地面上。我简直无法让自己相信新娘会是这样的。

我们曾经以为教会是一个军队，每一个人必须迈步前行，像军队一样整齐。事实上，教会比我们所梦想过的任何团体在天赋和自由上都更加丰富多彩。神的教会从不试图让每一个人都变成一样的。在教会里，人的个性可以在相互融合中得到淋漓尽致的表达。教会是在圣灵指挥下演奏出的各样恩赐的交响乐。有些人将教会描述像一所医院，每个人都躺在那里，直到我们被医治好。这在教会圈子里是一个主导性的看法，但我找到了真理。你知道教会**真正**是什么吗？**教会是一场宴会**。

作为一个年轻的基督徒，那时我不断地被劝勉要出去拯救世人。当然，世界需要被拯救！然而，拯救世界的是耶稣。不是我的知识，也不是我的理解（**甚至**对基督信仰）来拯救世界的。当我从耗尽中走出来的时候，很多人带着自己的问题来见我。我听着他们的倾述，不断在内心重复地提醒自己："这不是我的问题。我不需要解决它。"但我会祷告神来帮助和服侍他们，因为我无　法将他们的负担背在自己的身上。我们的人生历程中会经历许多的事情，其中大部分是主耶稣跟我们之间的事情。别人可以帮你，　　但他们不能替你背。于是，我学会怎样避免被这些事压垮，学习像小孩子那样。

小孩子的样式

我发现那些敬虔的人都有一种特别的性情。那些活得最美妙最像耶稣的人，几乎都是最像孩子的人。杰克·温特活脱脱像个孩子。他就相信圣经，结果他亲眼看见神行了许多奇妙的事。

杰克有一个为他代祷的人，名叫艾米，她常为他祷告，后来她也为我们代祷。我第一次见到她的时候，她已经八十多岁了。她来到新西兰，为我代祷两周，每天八小时用方言祷告。那是她的工作。她带了一个朋友来，她们会一起进入这个小房间，关上门，我们会听到从那房间里传出的奇妙的声音。她们带着极大的权柄祷告。然而，当她停下祷告，从那房间出来，跟我们坐下一起吃午餐的时候，她看起来就像一个三岁的小女孩！她总爱搞笑。跟她在一起非常开心，她的笑声很单纯，没有所谓的世故圆滑。就像一个小孩，不晓得怎样圆滑或者体面，她也不晓得这些。她像一个小女孩。

我们一再被告知我们需要成长。我们被告知我们需要变得更有能力，更成熟，充满信心和力量。我们被告知我们需要学会所有的课程，不断积累知识，以致我们能够回答别人的问题。讲道的人会经常跟我说："如果教会要真正发挥作用，我们就要做这做那，因为拯救这个世界是我们的责任啊。"你知道主耶稣是在　哪里找到我们的？祂在下水道里找到我们，在丛林里、在小胡同里找到我们。我们的生命破碎而混乱，我们不是这世上尊贵的人，我们不是那样样都有的人。我们却是无望的人，做不出什么好事的人。然而，祂找到了我，在荒野那地方的一棵树下找到了我。我不知道祂为何拣选我，我是社会的渣滓，为何祂来找我呢？

人的全部的意义就是敬拜神，并永远享受神，威斯敏斯特信仰告白上这么说。这就够了, 我们不需要更多了。这个告白可以应用在我们的服侍中, 也可以应用在我们个人生活中。基督信仰不是一条通往能力的道路, 而是一条通往活像小孩的道路。我们越像小孩, 我们跟神就越亲近。我们跟神越亲近, 我们就更像小孩子了。耶稣告诉我们说:"你们若不变成小孩子的样式, 断不能进天国。"你觉得还有别的途径吗?

小孩子晓得怎样享受生活。世上谁最开心? 律师还是小孩? 谁最会笑到肚子痛? 建筑师, 政治家, 还是一个小女孩? 是的, 总是小孩子他们。为什么呢? 因为他们根本不会想到有没有生活技能的事。他们会笑啊笑啊, 而他们所笑的事情是我们觉得一点都不可笑的。孩子们有一个惊人的能力, 那就是可以单纯地享受当下。今天我们所认识的基督信仰, 给我们的生活增加了各种的严肃性。我们过着谨小慎微的日子, 生怕这里出错, 那里犯规。难怪非基督徒们看着我们, 他们在想:**"我才不要像他们那样!"**

耶稣像小孩子

耶稣自己跟小孩子一样。马太福音 11:25 节说到:"那时, 耶稣说:"父啊, 天地的主, 我感谢你! 因为你将这些事向聪明通达人就藏起来, 向婴孩就显出来。"

多年后我才意识到, 在这里耶稣说的其实是祂自己。祂在这里说的"这些事"指的是什么呢? 祂所说的这些事, 指的是前面几章祂所教导的事。这些事若不显明给聪明通达的人, 那究竟显明给谁呢? 这些事是显明给耶稣的, 耶稣是教导这些事的人。天父教导这些事给祂, 因为祂有一颗小孩子的心。祂说:"我对你们所说的话，不是凭着自己说的。"（约翰福音　14:10）换句话说，"我还没有从神学上弄明白这一点。我不是对所有的教义问题都有自己的看法。"

耶稣也说："子凭着自己不能做什么。"（约翰福音　5:19）祂不是说"子凭着自己做不了什么"，可是，我们太多人就是这么理解的啊。祂说："子**凭着自己**不能做什么。"换句话说，"我里面没有任何东西可以做这些我所做的事，或所教导的事。我所行的神迹奇事是**透过**我发生的，却不是我做的。我所说的话并不是我的话。是住在我里面的父，祂才是做这一切事的人。"

祂没有说："子**不想**做自己的事。"也没有说："子**选择**不做自己的事。"祂是说："子凭着自己**不能**做什么。"这话多么令人难以置信啊！

我带着崇敬的心说这话，耶稣是令人难以置信的无能。祂没有长大，也不成熟！祂像个孩子。然而，今天的教会，普遍的，　我们羡慕聪明和通达。杰克·温特曾说过，最难接受这一启示的，　往往是教会的牧师们和领袖们。我作为一个牧师，非常清楚一个

牧师和领袖所承受的压力。牧师们会领受这一启示，因为他们觉　得这启示对他们的会众是好的，但他们觉得对领袖们是不适用的。然而，教会领袖们需要敞开他们的心来领受神为他们预备的启示。

在特定的情况下，智慧是正确的行动，而谨慎则是为我们的未来作出正确的选择。通常牧师们专注在做对的事——"要说什

么对的事？用什么样对的方式来面对这处境？做这事的正确的方法是什么？领袖会议上我们做什么？接下来五年我们怎样预备？"渐渐地，越来越变成怎样活得正确，怎样做"对的事"。杰克相信，牧师们通常都已经成为了"聪明通达"的人了，他们已经将那颗孩子的心紧紧关闭了。

我不是说我们不该做这些事，但千万不要以为做了这些事就成熟了。当我们开始这样思考的时候，"成熟是这样的，现在我是一名成熟的基督徒，因为我做了这所有的事。"问题是，当我们将聪明和通达变成我们生命的目标时，实际上它们恰恰拦阻了我们对神的启示的领受。启示是向着孩子般的心发出的。我相信这是其中一个原因，就是为什么过去一个世纪里，基督的身体在神的启示和与神亲密上的长进是那样的微小。我们一直专注在如何成为更加聪明和通达，而主耶稣却在引导我们走向一条变成小孩子的道路。

通晓万事并不开心

几年前我在荷兰的一个地方，那地方叫弗利辛恩。一天早上我跟东道主喝咖啡，他对我说："詹姆士，我发现了一些东西。**通晓万事并不使人开心。**"这句话对我影响太大了。我从信主开始就被灌输我需要通晓万事，作为一个基督徒领袖，凡事我都得有

见解。我必须晓得每一句经文的真意，或至少懂得各家的说法。

通晓万事实实在在成为我的压力。

不久后，还是在荷兰，我在一个男士营做讲员，跟一个荷兰人住一间房间，他个子大，声音也大。我们渐渐成了好朋友。周天，最后一堂结束后，我们坐在双层床上，准备乘车回阿姆斯特丹。我们坐在那，他问了我一个关于领导力的问题，或者说是跟基督徒服侍有关的问题。我回答："哦，我不知道啊。"他的眼睛睁得很大，然后他倒在床上捧腹大笑。笑到整张床都摇晃起来。几分钟后，他看着我："**你不知道**？"我说："是啊，我不知道。"他又倒在床上，笑得打滚。我坐着，惊讶于他的反应。最后他再次坐起来："詹姆士，你是传道人。**你必须知道啊！**"你看，这就是临到我们身上的压力。就是去积累知识，获得智慧，成为专家的压力。

保罗西门的歌

我和蒂妮诗遭受枯竭的痛苦之后，我们去了澳洲，完成之前与部分青年使命团学校达成的讲课任务。那是我们一生中最难受的日子。我们完全耗尽了。但是神在我们所需要做的事上帮助了我们。我们驾车从阿德莱德到布里斯班，穿过整个澳洲内陆。我们经过新南威尔士州西部的一个叫做伯克的城镇。有人说如果你来到伯克，那你就到了真正的内陆！即便是澳洲本地人也都很少来到这真正的内陆之地。我们沿路开车前行，你可以连着十二小时一直开，周边的景致几乎没有任何变化。

我们开着车，听着收音机里播放的保罗西门的雅园专辑，一首叫做《胖查理天使长》的歌。歌词是这样的："胖查理天使长

偷偷溜进房间。他说：'我对这没啥想法。我对那也没啥想

法。'"忽然间我们俩开始大笑起来。天使长都可以没想法啊！没想法是OK 的！即使你是个天使长！我们笑着，那种要成长，要强壮， 要成熟，要通晓万事等等的压力烟消云散了。我们多年来拼着命要使自己成为通晓万事的人，人家这天使长居然可以没想法。这一领悟实在太叫我们舒缓愉快了。

"忙，忙，忙"

通常我去到一个教会，在我上讲台讲道前，都会花一些时间跟当地的牧师沟通。一个教会都有它自己的文化，就好像一个国家有它自己的文化一样。我去过许多不同的教会，每到一个教会我的属灵的触角都会伸得长长的，努力感受它的文化和看法，好建造融洽的关系，使沟通更有效。通常我会问当地牧师一些问题， 他们的回答使我心中有数。其中一个问题是："你的教会怎样？"经常地，我会得到以下的回答，或类似的回答。

"哦，我们很忙。大家都在行动！我们已经受益匪浅， 教会正在成长着。我们准备主办这个特会，邀请那位讲员。我们的停车场扩大了，我们需要扩建厨房。我们这个周末有一个外展团队去非洲。青少年事工成长飞速。事实上，他们人数太多了，我们正在聘请一个带领青少年的牧师。我们这里有了更多的停车助导员。我们为这个集资，为那个集资。我们在这里开拓一个新教会，那边准备开拓另一个新教会。妇女事工正在起飞，我们准备往下一个城镇进行外展活动。"

我所听到的都是"忙，忙，忙"。许多牧师认为这就是你想要听的。如果你是一位到访讲员，他们会尽量给你一个好印象。

当我听到所有这些忙碌的事的时候，心想："哦，这教会哪里出问题了？"

想象一下，有一天你去见耶稣，那时祂正在拿撒勒一带服侍，你问耶稣："耶稣，事工做得怎样啊？"

"哦，很忙很忙！我们下午就要去迦百农；我们需要弄一条船拉我们过去，因为去的人太多了。我们没有麦克风，但我们可以在岸边讲道啊。拉撒路刚刚死了，这样我得准备去伯大尼一趟，马利亚和马大她们肯定伤心死了。我本当前几天就在那里的，可是我走动太多了，这里走，那里走！我一直在不同的地方讲道和教导，跟我的门徒们一起服侍。不过彼得有些麻烦，所以我需要跟他好好谈谈。可是，我先得去圣殿里赶出那些兑换钱币的家伙，还走不开啊。你知道，某人死了，我还是走不开，我还要去另一个地方，那地方有一个人死了，我要去叫他复活过来。这样，我们的时间表得往后移一移，可是半路上遇到那个患血漏的妇人，我们就医好她，现在我们在路上了——大家都在走走走！这样才能将这些门徒们栽培出来啊。"

如果你问过耶稣关于祂的事工进行得如何，我们相信祂不会那样回答你的！祂很可能会这样回答你：

"天父实在太妙了。我们一直看见祂行奇妙的事。我们只不过搭个顺风车罢了。天父所做的事实在令人难以置信。不是我，是祂！祂告诉我说什么，我就说了。当我照着说的时候，奇妙的事情就发生了。当我按手在人身上的时候，那些令人惊讶的事情就发生了。我们看见这人几天前他的手臂还是枯萎的，现在完全康复了。太奇妙了！这日子过得太刺激了啊！"

我相信祂始终是充满了喜乐。当施洗约翰的门徒们上来问耶稣："你是弥赛亚吗？还是我们等候另一个？"耶稣回答说，"你们去吧，将所看见和听见的告诉约翰。就是瞎眼的得看见，瘸腿行走，聋子听见。"祂觉得不需要向约翰保证自己就是弥赛亚。我相信耶稣实际上说的是："所发生的事太奇妙了。我们根本没做什么事。每件事都是神做的。我们就像小孩子玩泥巴那样，开心极了。"

我前面说过，我已经认识到，神的国是一场盛宴。可是，经常我们将神的国变成传福音的活动或事业。我们已经将神的国变成一些严肃而又沉重的东西。邀请人去参加宴会通常不会有什么问题的，但是，要人来教会实在是一件难事。

你的软弱就是你的力量

使徒保罗懂得活在软弱中的真正意义。他在写给哥林多教会的第二封信里面提到这事。顺带说一句，我发现很多有趣的东西，当他在信中提到自己的时候。推敲他信中所提到每件事的时候， 所使用的"我"这一人称代词，都让人感到格外陶醉。信中有六次他劝告人来"效法我"。我建议大家，每次保罗提到他自己的时候，值得你特别注意。在哥林多后书 12:7，保罗开始说自己， 他说：

"又恐怕我因所得的启示甚大，就过于自高，所以有一根刺加在我肉体上, 就是撒但的差役要攻击我, 免得我过于自高。"

我真不知道他肉体上的那个刺是什么, 但我们清楚, 保罗真的有难处, 而且还不是小难处。有些人开玩笑说那刺是他的妻子。我不信这事! 我倒觉得丈夫常是妻子身上的刺, 而不是相反的。还有些人说, 保罗肉体上的刺是他身体矮小, 因为他的名字的意思就是"小"。不过对于一个像他这样素质的人来说, 这肯定无关紧要。我觉得在身高上的挑战根本不会对保罗产生什么影响。还有些人说, 那刺是保罗的眼睛, 因为他的眼睛不好, 要瞎了。这倒是一个可能。他在加拉太书 4:15 这么说, "……那时你们若能行, 就是把自己的眼睛剜出来给我, 也都情愿。"保罗知道他 们很爱他, 因为他将福音传给了他们。然而, 不管那刺是什么,　保罗确实有难处。更叫人吃惊的是, 他自己将这刺说成是"撒但的差役", 这样, 对他来说, 这一定是一件非常痛苦的事。

接下来一节他说:

"为这事, 我三次求过主, 叫这刺离开我。"

要知道, 保罗已经有了很多的经历, 他在凡事上都经历了神的恩典。但不管这刺是什么, 它迫使他三次求主叫那刺离开他。这显然是一件很难忍受的事。当保罗求主将那刺拿走的时候, 他的请求被拒绝了。神却对他说: "我的恩典够你用的, 因为我的能力是在人的软弱上显得完全。"

"我的能力是在人的软弱上显得完全。"事实上, 如果你想要让神的能力住在你的身上, 而你自己本身又很强大, 这样你就没有资格拥有神的能力了。神的能力总是临到软弱的人身上。保罗的能力并不是他变得很强壮，变得很有能力，变得通晓万事。相反地，神的恩典临到他，正是因为他的软弱。主说："我的恩典够你用的，因为我的能力是在人的软弱上显得完全。"

我发现，如果你认为神之所以使用你是因为你祷告很多，或者他之所以使用你是因为你做了这个或那个，**那你的心就会窃取神的荣耀**。你甚至会说："我将一切荣耀归给神。"但是，神看重的不是你嘴上说的，祂看你的心。当你的心拿了那荣耀的时候，神就会切断祂的能力的供应。神不会跟任何人分享祂的荣耀。我们需要用信心来相信一件事，那就是我们没有任何资格让神来使用我们。我们需要用更大的信心踏出去，信靠神，被祂使用。当你有一种无法抗拒的感觉，就是你绝对没有任何对神有价值的东西时，你就需要用更多的信心靠着神走出去。

做小孩

还有一个例子讲到保罗的软弱，在哥林多前书第 2 章。根据学者们的研究，当时的哥林多教会在肉体情欲的事情上问题很大，他们简直得了臭名声。保罗作为当时最优秀的犹太拉比的学生，他不单在学识上聪明过人，并且在宗教生活上虔诚热心。现在他 从主那里得了这惊人的启示，这启示太大了，以致需要在他的肉 体上加一个刺，使他不至于抬高自己。保罗甚至说，即便是使徒彼得也还有很多事情不是很清楚的。彼得写道（在彼得后书 3:16)， "……我们所亲爱的兄弟保罗……他一切的信上也都是讲论这 事。信中有些难明白的。"彼得对保罗所说的也有不明白的。显 然，保罗所领受的启示的深度是惊人的，这里，他来到哥

林多教 会要将这启示讲清楚。

在哥林多前书　　2:3, 保罗写道,"我在你们那里, 又软弱, 又惧怕, 又甚战兢。"

他并没有在哥林多教会炫耀说"我已经掌握了教会成长的整个体系。我知道怎样做了。我来帮你们理清你们所有的问题。我知道应当向教会领袖和带领团队说什么。我有实践经验。我知道诀窍。一周之内我会搞定你们教会的问题——没问题——在外面需要两周。"但他从没这么说过。相反他这么说,"我在你们那里, 又软弱, 又惧怕, 又甚战兢。"他那时还不知道做什么。

保罗掌握了同样的秘诀, 就是耶稣知道的秘诀。像小孩子一样。当我们以为我们凡事都懂得怎样做了的时候, 事实上, 我们正失去了服侍的资格。

神在我们软弱中来到我们中间。你不需要做得很完美才可以成为神的儿女。蒂妮诗有一个至交, 名叫凯蒂, 几年前的一次会议上, 她跟蒂妮诗讲了一个见证, 我一生中从没听过这么令人难受的见证。她越分享, 我越感到她就是我的姐妹。我不曾经历过她所经历的那样的痛苦, 但我能够联想到她的故事里的真实。当大家在那里展现自己的优点以及他们如何达到完美的时候, 我确实不知如何是好。我知道很多次我**看起来**做得尽善尽美, 而当恩膏来的时候, 我看起来好像穿着一身的盔甲。这使我看起来确实像是一位神的骑士。**但是, 脱下头盔, 往颈项的洞口看下去吧。**

不再玩那游戏了

从前我装作自己是个很有能力的人，我学会了各种伎俩，来显耀自己。后来，我开始发现我的软弱事实上才是我最大的财富。我只不过是一个猎人，阴差阳错得救了！不是我的错！有一个非常勇敢的先知对我发预言，说我会成为一个圣经教师。如果你见过我那时的样子，你就会知道那预言实在太勇敢了。我也够疯的，

就这么相信了。于是我想通了，我要成为圣经教师，那就得开始读经。从那时候开始我就坚持读经，现在我的感觉就好像自己是站在启示的江河中，深深意识到，今天我所领受的，完全跟我的能力毫无关系。

作为基督徒我们这些年所经历的，才是真正过上自己的生活。当我能够放下那些我原以为我一定要成就的事，并且活像一个躺　卧在天父怀抱中的小孩的时候，我才会经历到真正的自由和喜乐。

你知道开启天父爱的启示的钥匙是什么吗？就是做小孩。是的，**做小孩**。你越是努力尝试使自己变得老于世故，通晓万事，熟读经文，听了各样的道，读完所有的书；越想成为高大，强壮，成熟的神人，又果然得着了这美名，你就越发无从体会天父对**你**的爱了。

在那个骑着马从森林中走出来的骑士的异象中，我觉得自己像一个小男孩……**但是我却坐在一匹白马上**。白马就是圣灵。如果你骑在这马上，你是不被允许拿着缰绳的。你就得跟着它走，它跳舞跳到哪里，你就跟着去那里。是的，是跳舞。神要使用我们。祂要将自己的能力透过我们彰显出来，但妙的是，**你的软弱**

恰恰是你最大的优势。你的生命中有软弱吗？你有没有一些问题是你想破脑袋都解决不了的？这些都是你最大的优势和财富啊。很多时候我们等在那里，想要神来解决我们的这些问题，然后才让神来使用我们。让我告诉你吧。神就在你软弱的时候使用你。你越软弱，祂越使用你。我们最大的残疾就是我们自己的力量，我们自己的能力，我们的资格，和我们的成就。我们最大的障碍，就是我们成了"满有信心和能力"的人，又"什么都能搞定"。

如果你还有你自己的力量，神就会让你得到你自己力量的成果。然而，如果你能软弱，你就能得到神自己力量的成果，那多好啊。

8

儿子们荣耀的自由

我全心盼望你可以得到帮助，使你敞开心来领受天父的爱。天父心底里的愿望就是祂的孩子们可以来亲近祂，孩子们可以在跟祂的亲密中生活，可以在基督里藏在天父的心中。但这还不是全部。还有更多，我们可以得着一个荣耀的产业，就是属神的儿女的产业。祂就是我们的产业，但更加荣耀的是，我们也是**祂的**产业。现在到了高潮了！这是摆在我们前头的，是一幅敞开的景致，像永恒一样宽广美丽。好了，扣好你的安全带，准备乘驾你的人生。

有些时候我服侍的方式是很可怕的。倪柝声观察到了两种不同的有恩膏的讲道。一种是你去得着一个信息，是你清楚知道要去透彻传达的信息，然后你能够带着恩膏将这信息传达出去。另一种是你跟随恩膏，你自己并不知道要去哪里，或要讲什么，这种是叫人怕怕的，但在整个过程中也很有趣，因为你不清楚神下一句要说什么。有时候，我发现自己在讲道，却不知道自己在讲什么，又被自己口中说出的话所感动。更多的时候，我发现我自己正在说着什么，而我自己对所说的却根本不明白！有一次在德国，就发生了这样的事情，当然，因为有翻译的缘故，让我在每一句之间都能有短暂的祷告。我说了一些话，可我却不知道为何我要说它，但我觉得那是神要我说的。那时我正在讲神多么想要来到我们当中，做我们的父亲，在我们每天所经历的一切事上做我们的父亲。神想要在供应我们日用所需上显明祂对我们的爱，　比如像找到一个停车位之类的事。当我正这么讲的时候，忽然间我听到自己说：**"可是，那还不是神真正想要的！"**

神真正想要的是什么？

当我说出这句话的时候，我立刻想："好吧……神想要什么呢？"还有什么别的东西呢？我感到那真的是圣灵在说话，可我一点也不知道神究竟想要什么！我心里在说："主啊，你到底想要**什么**呢？"可是祂什么都没有说，于是我继续讲，我说："神想要来到我们的教会崇拜中，恩膏我们的敬拜……但是，这不是祂真正想要的！""祂究竟想要**什么**呢？"我的心在呼喊！

我的思想正在狂奔，想着"我到底要说什么呢？"我觉得自己挖了一个洞，越挖越深，可我自己却出不来了！我根本不知道接下来会发生什么，但，除了继续讲，似乎别无选择了。于是我讲了一个故事，是我和蒂妮诗曾经的一段经历。

我讲的故事是几年前我们在荷兰的时候的事情，那时我们非常匆忙开车去火车站。荷兰的火车是非常准点的，一秒钟都不会延误。如果你没有准时抵达，就会错过火车。我们开车去赶火车，　　　只剩下四分钟时间停车，下车，拿行李，买火车票，奔站台，上火车。时间太紧了。我们到了停车场，居然没有停车位了。不仅如此，停车场的墙上靠着上百辆自行车，我们意识到这是当天最繁忙的时间。我们在停车场的过道上来回寻找停车位，但一个位置也没有。整个停车场都停满了。于是蒂妮诗祷告："天父，请赐给我们一个停车位吧。"其实我们一进停车场她就开始祷告了，　　因为她觉得需要给神一点时间差派某人回到他们的车里，即便神安排这些事也是需要一点时间的。

于是我们开车找车位，她祷告加了一句："主啊，你要不让谁觉得身体**有点**难受，以致决定今天不去上班了！"我不知道这是什么祷告神学，但她还是这样祷告了，不过当我们转到另一个通道时，我们看到通道尽头有一个男人，他停好了车，正朝着我们走来。忽然间他停了下来，转身，朝自己的车子走去。蒂妮诗向正在开车的文森喊道："跟上那个男人！"我们就立刻跟上。我们刚到那角落，那男人就进入他自己的车，开了出来，驶离车场。一个空空的停车位！我们立刻停了进去，蒂妮诗说："主啊，现在你可以让他感觉好起来了！"那停车位居然最靠近火车站大门。我们跳下车，抓着车票，跑向一个站台，拖着我们的行李，下了楼梯，到另一个站台，又上了楼梯，来到我们的火车的站台，进了车门，车门就在我们身后关上，出发了。我们赶上火车了——　　刚刚好！

神就是这样的。祂喜欢这样，像一个父亲待他的孩子们那样。但是，在那天讲道现场，我继续说：**"但是，那不是祂真正想要的**！神喜欢恩膏我们的布道会，我们的外展节目，我们去到各国的宣教活动，**但是，那不是祂真正想要的**！"这句话老是不断地冒出来，

我可以感受到厅里的那种期待答案的强烈的氛围。每个人都在想"神究竟想要什么呢？"……可我却不知道啊！最后，当我将那句话又说了一遍后，神启示了我。

你看，神想要来到我们当中，在我们的生命的方方面面做我们的父亲，而祂**真正**想要的，是我们成为祂的儿女，在**祂的生命**的方方面面做祂的儿女。神要我们不只是在**我们的**世界知道祂是父亲，而是在**祂的**世界里成为祂的儿女，以**祂的**眼光来看待生命。

关于父母，我注意到一件事，那就是他们都想要自己的孩子过得跟自己一样好，或者比自己**更好**。不管他们的教育水平如何，他们都尽量让自己的孩子们得到最好的教育，至少跟他们一样。他们总是为自己的孩子们寻求更好的东西。让我告诉你，神的感受是一样的，祂看待我们是祂的孩子。神是我们的天父，祂对我们的愿望就是来做祂的儿女，**与祂的身份相称**。

当我们第一次听到关于天父的爱的时候，我们以为那只是为了情感上得医治。后来我们发现远远不是那么一回事，我们意识到它比我们所想的更加丰富。天父将祂的爱浇灌进我们的心，祂医治我们心中的创伤，但这仅仅是开始罢了。我们很多人开始经历天父的爱，我们想："哇，现在我得了完全的医治，我可以回去了，回到我原来的生活和工作中，因为现在我可以像一个健康人一样生

活工作了。"然而，神的心意比这更美。祂要我们学习不断地在软弱中行走在祂的面前。祂的愿望是，我们会习惯于耶稣所走过的同样的脆弱和依赖的感觉。基督徒生活的一个最大的秘诀，就是学习接纳你的软弱，而不是跟软弱争战。

通常，为了能够得医治，我们愿意**在私下**谦卑自己并呈现软弱，但天父要我们学习在其中生活。敞开自己会让人觉得危险。

神不要我们仅仅偶尔谦卑一两次，祂要我们住在里面。当我们学习活在那脆弱的处境里，那是一个不断需要神的爱的地方，是一个越发认同"子凭着自己不能做什么"的地方，然后，神才使用我们。你可以达到在神里面的高度，是除了谦卑以外无从达到的。这样，我们学习住在那里，神就能够跟我们，就是祂的儿女们， 一起工作。这就是我开始看到的。天父想要我们成为祂的儿女， 是与天父的身份相称的。

当我第一次发现自己在德国讲这些的时候，那只是一个启示的初始阶段，但它改变了我的生命，而且改变了我的身份。那时我在想："我们有一个相对不错的巡回事工，我喜欢这事工胜过我一生中做过的任何事情。够我们干一辈子的了。对我们来说挺不错的。"我想"就是它了！我是一个环游世界的巡回讲员，我就讲天父，讲完了就回家，度个假，然后再继续旅行。这样很好的！"

但是，当我发现神正在呼唤我们来做祂的儿女，是按照**祂**是谁，并在**祂的**整个宇宙观里，我开始想到我需要找到自己生命的方向，是与神的儿子的身份相称的，而不只是一个巡回讲员。我不能做什么使我可以成为儿子，与我的父亲的身份相称。因为我的父亲刚好是全能的神！就在这时候，我们开始展望整个梦想，看见天父的爱去到基督信仰的每一个流派，去到每一个文化中， 每一个民族，以及世上的每一个人的生命中。于是这整个故事就开始了。我们开始办学校，在学校里人们可以更加深刻地经历天父的爱的真实，因为，一旦你从心里经历了天父的爱，你的整个世界就改变了。

神像什么？

当你开始思考真正按照天父是谁来做儿女的时候，就会带出另一个问题。我的天父究竟是怎样的？究竟要用怎样的一个大的概念来描述我的天父呢？这些都是需要我们去探索的神的属性， 好让我们进入与父的身份相称的儿子身份之中。究竟都有哪些词句或概念可以用来描述祂呢？让我列出一些我们都熟悉的，立刻就能想到的吧。神是真理、怜悯、关系，是的！救恩、信心、盼望、喜乐，所有这些都在描述祂本质的各个方面。肯定地！还有更多的跳出来，像恩慈、荣耀、圣洁。然后你可以列出那些"全"，就是全知、全能、全在。

当我思考着神的这些属性时，另一个词忽然冒了出来。这个词我之前从没有考虑过用它来描述神的属性，甚至于，我也从来没有听说哪一个讲员使用这个词来描述神的属性。这个词就是"自由"，神是自由的。

自由对于人心来说也许是最最珍贵的东西了。我们看电影里说到自由，我们从阅读中了解到解放，听音乐也是一种自由的表达。为什么电影《勇敢的心》里面威廉·华莱士这个人物能抓住人心呢？因为我们内心里的一切都被这个以自己的生命为自己、人民，以及国家捍卫自由的人震撼了。作为人类，自由或许是我们面对的最大的一件事。相比于任何别的东西，人们更想得到的是自由。自由的反面是奴役。我想不出还有什么比受奴役更糟糕的事了。我宁愿去死！奴隶制可以说是人类最残忍的一种制度了。奴隶在任何事上都不能做决定，在任何事上，从此时到彼时，都不能掌控！穿什么，吃什么都由不得你。如果你结婚，就别想这辈子能在一起了，因为你们会被卖到不同的地方，由不得你们自

己。对孩童的奴役那更是糟糕的事。奴隶制压制人里面任何的自由。事实上，在我们心灵深处藏着一些东西，就是心存盼望，就是相信那更美的东西。

自由是神的属性和心意的本质。神是**完完全全自由**的。自由常常被限制所衡量。神有什么是被限制的吗？祂可以做任何事，是吗？祂可以造祂想要造的东西。神的自由是没有限制的。对了，只有一件事是祂不能做的，神不能犯罪。事实上这对神来说并不是一个限制，尽管我原来是这么想的，直到我明白罪的本质为止。人会这样对我说："罪是可怕且恐怖的东西。千万不要犯罪！神恨恶罪。犯罪是错的，犯罪是很糟糕的，犯罪是邪恶的！"但是，这些说法并没有让我觉得更满意，因为有些行为我们明明知道是犯罪，但它们似乎没有伤害到任何人。这些事有什么可怕和错误的呢？有很多事情它们是显然错的，但是有不少的罪我的确看不出它们有什么危害。有一些事我们允许它们存在我们的生命里，因为我们还不完全知道它们究竟有多坏，或者因为我们还看不到这些行为里面的邪恶。

罪的真正的问题是它将你**和它绑在一起**。罪会抓住你，然后**掌管**你，**控制**你，**捆绑**你，将你的自由拿走。这就是为什么罪如此邪恶的原因。像神对该隐说的："罪就伏在门前，它必恋慕你。"

（创世记 4:7）罪必恋慕我们的意思是罪想要掌控我们，做我们的主人，这样，当我们犯罪的时候，它的锁链就缠上我们，将我们拉下来。神不想让我们犯罪的原因，最重要的不是因为罪是"坏"的，而是因为神知道罪会毁掉你的心。罪会拽着你下到深处，越来越深，陷入捆绑，在那里你再也无法脱身了，除了靠着耶稣的血。

所以，当我们说神不会犯罪，那是因为神**不会失去祂的自由**。神不会被任何东西掌管，神总是自由的。我不曾想过，原来自由对神来说是这么大的一件事。更妙的是，我每次读经的时候都会看到自由这个东西。像罗马书 8:5，哥林多后书 6:18，还有加拉太书 4:6，都提到我们作为神的儿女，可以进入跟神所经历的同样的**自由**之中。

这世界的自由

当我们从我们人的眼光去看自由的时候，似乎这世上拥有最大自由的人就是那些最有钱的人。如果你有很多钱，那你爱做什么就做什么。钱越多，自由越大。几年前电影演员约翰·特拉沃尔塔驾着自己的波音喷气式飞机飞抵新西兰，他自己亲自驾驶啊。他飞向奥克兰机场，当他进入着陆模式的时候，忽然他异想天开，打算不着陆了，他想绕飞新西兰一圈，领略风光，尽饱眼福。于是他飞向新西兰的北岛，又飞过新西兰的南岛，纵观群山峻岭，　　　然后再飞回奥克兰。只是想去看一看！就是从窗口看他想要看的，　　就这么一看，至少也得花费几万美金。只要你有钱，你可以做几乎所有你想要做的事。

想象一下，有一天早晨你被电话铃声吵醒。你接了电话，得知你已经承受了一份巨额遗产。那钱太多了，即便从那天开始你随便花，直花到你死，你都花不完那些钱。想象吧，你可以买任何东西，没有限制。如果你有这么多钱，你会做什么？

你会去世界各地旅行吗？你会去观赏世界上最美的国家公园，花时间在其中尽情探索享受吗？你会买下一个海岛吗？你会在那岛上做些什么呢？建造你梦中最豪华的公馆吗？你会去购

物吗？当然你会！我们都会去购物！想象一下，你想去夏威夷，但机票已经全卖完了，然后你可以把整个航空公司买下来！这样你爱去哪里就去哪里，任何时候，随你喜欢。可能你会在摩纳哥最好的酒店住上一阵子，甚至你可能将整个酒店买下来。选择和机会几乎毫无限制，如果你足够富裕，在这世上你就会拥有一切的自由。

我的一个梦想就是去阿拉斯加。最终我攒足了航空里程数飞去那里。于是，我从费尔班克斯出发，一路搭顺风车到了安克拉治，就这样在路上花了九天时间。有一个人带我乘坐他自己的双座单翼飞机，我们飞啊，降落在森林的空地上，再飞行环视，看到驼鹿还有灰熊。后来我又跟几个人一起去钓三文鱼，我站在水中，一个又一个地钓上来。在我身后还有灰熊的脚印，有点让人心虚！

当你实现了一个梦想的时候，你的梦想就少了一个。最终你就没有梦想了。如果你拥有世上所有的金钱，去做你喜欢做的事，那你的梦想是很容易实现的，估计五年就都实现了。于是你会习惯于没有梦想的生活，渐渐地你的观念会改变，生活就失去了激情和乐趣。

多年前我在《时代》杂志上读到一篇文章，是一位精神病专家写给超级富豪的。他说了这样一句话："超级富豪的绝望是令人难以想象的。"很有趣吧？超级富豪可以拥有这世界上的一切的自由，但是他们的绝望却令人难以想象。如果你所有的梦想都实现了，那活着就不知为什么活着了。我很清楚我的一些梦想是我实现不了的，但是我享受这些梦想，因为梦想本身使你活起来。如果你再也没有梦想了，并且再没有什么事情是你想做的了，死

亡就临到你的心。梦想对我们来说是极其重要的。这表明，**人类的心灵拥有一个梦想自由的能力，那自由远超过世界所能给予他们　的自由**。这世界不能实现你的梦想，这世界也不能给你那自由，　就是你的心被造的时候所梦想的那自由。我们不是根据这世界有　限的自由而被造的，我们是照着神自己所经历的那自由而被造的。

我们正走向何处？

罗马书第　8　章解释了许多关于基督信仰的事，是我不曾认识到的。那里讲到关于做儿子，并告诉我们神正将我们带去哪里。我们通常对一个具体的真理只看到它的益处，却看不到这一真理的实际的要点。例如，我们可能认为赶鬼的好处是为了能被圣灵

充满，而没有看见那只是成为在神里面的人的副产品。可见，我们在神里的身份远大过并超过我们为神做大事的能力。

从第 1 章到第 8 章，保罗给出一幅图画，展现神对整个历史的目的，让我们看到神在这世界上的作为是怎样的。这幅图画的高潮是在罗马书第 8 章的中部。接着，他作了这样一个奇妙的宣告："神若帮助我们，谁能敌挡我们呢？"又说："谁能使我们与基督的爱隔绝呢？……是高处的，是低处的，是别的受造之物，都不能叫我们与神的爱隔绝；这爱是在我们的主基督耶稣里的。"这些都是奇妙而大有能力的宣告。

我想把你的注意力转移到第 22 节，就刚才的宣告，保罗说：

"我们知道一切受造之物至今都在呻吟，如同经历分娩之痛。"

（罗马书 8:22 当代译本）作为一个男人，我不知道分娩之痛。当蒂妮诗生我们的小儿子马太的时候，我陪着她。整个生产过程她没有发出一点响声，她也没有使用止痛药。我为她感到非常骄傲，但我看着她以及她所承受的痛苦，我自己都快倒下了。尽管她没有发出一点的声响，但她几乎抓碎了我手上的每一块骨头，这样我对分娩之痛有了一点点的认识！人们告诉我，分娩是一次全神贯注的经历。当你生孩子的时候根本不可能去想别的什么。保罗用这样的一个比喻来表达神要让某个新事物诞生的强烈愿望。一切受造之物正经历生产之痛，努力诞生一个新东西！神心中有一个极大的愿望，就是要使祂所创造的一切从堕落的后果中解脱出来，进入到完全的自由之中。

神对祂要在我们生命中所做的事非常地认真。有时候我们只是将信仰当作生活的附属物，我们忙碌于履行其他的各种职责。"我是个建筑师、银行家、警察、会计师、职场领袖、团队队员、母亲、父亲、辅导员、运动员……哦还有，我也是一个基督徒。"但是，作为一个基督徒，意味着神高度专注于完成祂在你内心里的工作，好让你成为祂原先所设计创造的。神正在非常刻意地工作着，这不是祂的业余爱好，而是祂的全部。神全力以赴在祂所正在做的事情上。

如果我们回到第 19 节，这里有一句非常优美的叙述："……受造之物正热切等候神众子的显现。"在整个人类的历史中，神的心所专注的，就是祂的儿女们的出现和兴起！我相信，当人们越发深刻地进入到神作为我们的天父的这一启示之中，并且经历天父的爱，与天父同行正如耶稣与天父同行那样的时候，我们就会看到神的儿女们兴起来了，**他们带着一种前所未有的并远超一切的权柄。**

这种权柄是一种完全不一样的权柄。我们体会过神话语的权柄，我们体会过圣灵的权柄，我们也体会过服侍恩赐的权柄，我

们还体会过教会职事的权柄。但还有更大的权柄，就是天父的权柄！而这一权柄唯独临在儿子们的身上！当天父的权柄来到的时候，这权柄被爱、真理、能力、恩典、仁慈、温柔、智慧以及祂作为天父的一切的属性所充满。它将成为这世界绝对无法承受的权柄。当这权柄临到的时候，我们就会看到神的**儿女们**从列邦列国中出来并兴起。

神儿女们的权柄

这就是基督信仰发展的方向。这就是一切受造之物的伟大目标。当神的儿女们在基督的形象里显现出来的时候，我们就会看见从万民中兴起男男女女，他们带着一种令人难以置信的能力， 直接表达出天父的心声。远超过只是对神的话语信靠的权柄，远超过被圣灵充满的权柄，而是以天父的权柄铭刻在他们心上，并彰显出天父的形象。圣经这样说："……一切受造之物都在呻吟，热切等候神众子的显现。"这就是所有事情的目的。

天父呼召我们做祂的儿女，与祂是谁相称！在我们的身上带着天父的戳记、印记和权柄。启示录第 11 章里的两个见证人就是一个很好的榜样，他们就是天父心意中的最终的样式。他们以传道来让这世界的领袖们受痛苦，世界上所有的武器都无法杀害他们，直到神许可。他们的死让世界的领袖们如释重负，甚至他们欢宴庆贺！但是，神就在世人眼前让他们从死里复活，并呼召他们上到天上。我鼓励你好好读一读这段经文，从中得着启发，真正弄清楚做神儿女的权柄。

当我们认真查看保罗说的："……一切受造之物一同叹息，劳苦，直到如今。切望等候神的众子显出来。"我们看到 21 节是

这样描述的："但受造之物仍然指望脱离败坏的辖制，得享 神儿女自由的荣耀。"神儿女自由的荣耀！当我们认真寻求做神儿女 的真正含义的时候，我们看到，那就是天父呼唤我们活出自由， 像祂那样的自由。

任何一个好父亲待他自己的儿女也都是这样的——让自己的儿女享受跟自己同样丰富的经历。我们有一位天父，是我们肉身的父亲所没得比的，但祂是我们的天父，地上的各家都是从祂得名。换句话说，我们是基于祂是我们的天父这一事实，而在家庭和整个人类中确定我们的身份的。我们是有份于这个家庭的关系，就是存在于三位一体神中间的家庭关系！祂是我们的天父，是我们**真正**的父亲，现在我们是祂的真儿女。天父将祂的灵放在我们里面，祂呼召我们进入祂的爱中，感受祂的父爱，直到我们成长为祂的儿女，与**祂是谁**相称。

若干年前，有一个教会运动叫做"神儿子的显现"，但是，这个运动并没有关于天父的启示。如果你没有领受天父的启示，　你无从成为一个儿子。儿子的心的关键不是做儿子，而是认识父亲，因为只有当你真正拥有跟父母的关系后，你才成为儿女。这就是做儿子的真意。这样，当我们在做儿子上不断长进的时候，　　天父就不断地带领我们进入**祂儿女自由的荣耀**中。

神有多自由？

我们蒙召进入的那个自由远超过我们的想象。当你将自己的生命献给主的时候，祂就饶恕了你的罪，你就自由了。约翰福音8:36说："所以天父的儿子若叫你们自由，你们就真自由了。"我们通常以为这里讲的自由是脱离罪或经历重生，但事实上，这里

说的自由远远超过我们所认知的自由。我们所认知的自由仅仅是那自由的开始！

加拉太书有一节经文我一直弄不明白，直到我开始认真看待自由这个话题为止。加拉太书 5:1 说到，"基督释放了我们，叫我们得以自由。"我一直很想知道，因为我没有真正明白这句话 的意思。为什么保罗要重复两次使用"自由"这个词？（译注： 中文"释放"，在英文中的另一表达是"使……得自由"。所以包含了"自由"这个词）为什么他不干脆说，"神叫我们得以自由"？保罗故意这样遣词造句：因为是为了自由，基督才来释放我们得自由。我们原先以为基督释放我们是叫我们从罪的捆绑中得着解脱。不是这样的。基督释放我们，是叫我们去得着自由。为什么呢？因为**自由是我们的命定**。基督释放我们，是因为自由实在太美妙了，而非因为捆绑太可怕。基督要我们活在祂的自由里，而祂的自由真的是太美妙了。

我们梦想着这自由。我相信我们的梦想是从伊甸园而来，是 从神的心意而来。在我们的心中有一个声音一直在回荡着，那就是伊甸园里的声音。我们心中对公义与公平的期待，使我们向往着伊甸园当初的美妙时光。不管眼前这世界充满了种种的不公正， 将来会有那么一天，就是完全公义的日子来临。

我们蒙召成为自由，像耶稣那样自由，像天父那样自由。但是，神到底有多自由呢？这就有趣了。

我很喜欢耶稣的一件事就是，祂不用交税。更准确一点说， 祂是交了税，但是祂完全**脱离资本主义的方式，不用透过赚钱来为自己纳税**。在马太福音 17 章，彼得带着一个问题来找耶稣。我不妨演绎一下。"主啊，收税的人站在我们的门口了。我们纳税吗？"耶稣平平淡淡地回答说："是啊，我们纳，但我们不照世界的方式纳，我们不受世界的限制。"然后耶稣让彼得去打鱼去，祂告诉彼得说："当你捕到一条鱼的时候，那鱼的口里会有一块钱，这就够你我纳税了。"我搞不明白，为什么耶稣没有让其他门徒经历这个神迹。只有彼得问耶稣，然后他经历并见证了耶稣拥有的自由。可见，耶稣完全不受世界税务体系辖制，祂是自由的。

耶稣施展圣灵的恩赐，是祂的自由的彰显，祂的自由超越人类所能理解的。不在于耶稣有一个医治事工，而在于祂完全**不受疾病的辖制**！耶稣完全不受任何一样从仇敌那里来的事物的辖制，　祂完全自由。耶稣不仅仅医治病人，而且让人脱离疾病的辖制。祂将人们从痛苦和疾病的牢狱中解放出来，因为祂活在这样的自 由里。

耶稣也**不受教育的局限**。祂了解事物不是通过课堂教育学来的。祂可以自由进入神对知识的洞见中。圣经这么说，"神又使耶稣基督成为我们的智慧，"（哥林多前书　1:30）我们能够进入到天父的智慧里，我们能够享受天父所拥有的知识。

耶稣不受我们这地上的知识的约束，祂超越我们的知识。耶 稣不受我们人的五官感受所传递的信息的限制，不受教育和学习过程中所传递之信息的限制。祂不受人之普遍"认知"的限制，祂的认知远远超过我们这属地的人的理解。祂可以行走在水面上，　不是因为祂想要在水面上走，乃是因为祂完全不受引力的限制。彼得就没那么自在了，他看着海水，心想："哇糟了！我要沉下　去了！"他果然沉下去了，直到他定睛在耶稣身上，耶稣使

他脱　离他的不信。耶稣绝不会有彼得那样的想法。当耶稣被取上升，

一朵云彩把祂接去，升到祂的天父那里，这整件事让我们看到，　祂是不受限制和约束的，祂完全自由。你不喜欢飞翔吗？如果飞翔是不可能的事情，那为何你梦想着飞翔呢？

我们生在牢狱里

想象一个男孩出生在一座监狱里，其中连一扇窗都没有。他就在这监狱里长大，跟着那些囚犯一起长大，他从不知道监狱之外的事。他对生存的整个的看见就是在这个监狱的体系中，除此之外他一无所知。时光流逝，他对监狱里的体系越发熟悉了，甚至他学会利用他人来使自己得到利益，而别的犯人却得不到。他学习怎样操控监狱系统，因为他变得聪明起来了，对监狱系统的原理和操作他都清楚，他知道什么是可以做的，什么是不可以做的。尽管如此，他所做的一切都**还是在**一座监狱里。他从没去过海边，从没见过高山，不晓得什么是农场。事实上，除了铁栏，　石墙，以及监狱的管理，他一无所知。他可能以为他正在享受好的生活，但我们知道他对美好的生活一无所知。

我要说的是，我们每一个人都出生在一座监狱里。沃尔特·罗利爵士说了这样一段令人震惊的话："这世界毫无价值，它不过是一座巨大的监狱罢了。"它被称为"这世界"，就是这实实在在的现实，而我们都以为**这**就是生活的一切，都以为这就是我们耗尽一生要去探索和经历的。我们不少人成为这个世界体系的操控高手，他们非常适应且善于应对这世界的体系。我们认为："

如果你可以让自己的生活过得更好，那对你总是好的！"我们就这样活着，以为这就是最好的人生了——然而，这不是真的。

亲爱的读者，事实是这样的，我们是神的儿女。但是，当亚当夏娃犯罪的时候，一幅幔子垂了下来，罩住了整个人类，掩盖了我们真实的身份。**我们是全能上帝的儿女，祂在呼唤我们进入祂的自由**。祂正呼唤我们看清楚我们的父亲究竟是谁，呼唤我们活出新的生命，与**祂是谁**相称。当我们开始活在期盼，相信，看见超自然，超越我们实际所看见的，超越我们眼前所看见的，超越我们的感觉，并开始追求我们在神里面所能够成为的样式的时候，那我们就开始得着儿子的心了。那美妙的事实是，神呼召我们进入的远远大过我们所意识到的。这世界竭力在套牢你，有时候，甚至教会也在套牢你，将你牢笼在这世界体系的运作的局限里。然而，我们却是全能上帝的儿女。

经历荣耀的自由

我想用三个故事来结束本书。这三个故事向我们展示那荣耀的自由究竟是怎样的，这些故事让我们窥见一点点我们所期盼的，　做神的儿女，与我们的父亲的身份相称。其中两个故事是朋友们 的经历，还有一个故事是我自己个人的经历。

蒂妮诗的一个朋友，她正在家里坐着祷告，她家靠近多伦多。忽然，她意识到自己离开地面。她穿过房子的屋顶，升到夜空中，就好像墙壁不能阻挡耶稣那样。她进入夜空中，在空中行走，她的步伐惊人，几步就跨越了整个大西洋，又跨过欧洲。她能够看到所有的东西从她身边闪过，很快被抛在她的身后。非常真实，就像平时一样真实。当她到了俄罗斯，她开始下降，最后她穿过一个房子的屋顶，那房子坐落在西伯利亚的边远林区。她发现自己正站在那房子里的厨房里，站在一个老人的身后，而那老人正驼着背趴在桌子上，在哭。于是她伸手按在那老人的肩膀

上，开始为他祷告，正当她祷告的时候，神的喜乐就进入了那老人的心。

当老人正开心地哭着的时候，她又升起来，穿过屋顶，飞到南美洲，于是她发现自己正在为那里的另一个人祷告，然后她飞回家，回到她自己的房子里。之前她从没有过这样的经历。她惊呆了。有一天她将这事告诉先知鲍勃·琼斯，并问他："鲍勃，你对此有什么想法？"他回答她说："太好了，亲爱的，你已经成为一个真正的基督徒了，就是这样的！"

另一个朋友来自明尼阿波利斯，有一个晚上，他正在自己的卧室里祷告，他感到有一阵风向着他的脸吹过来。他睁开眼睛，发现自己正跪在一个码头上。那时他正在晨祷，但在码头那里却是阳光明媚。他非常惊讶，他环顾四周，想知道究竟是怎么回事。忽然，他看见远处有个女孩尖叫恐慌，于是他赶紧跑向那女孩，发现那女孩的朋友落水了，并且很危险。这女孩不会游泳，而他自己却是游泳健将，于是他从码头跳入水中，将她从水中救了上来，在码头上花了几分钟安抚她们。忽然间，他发现自己回到了自己在明尼阿波利斯的房间里，他的衣服还是湿的，水是咸的，但是他根本不知道自己刚才去了哪里。几年后，他参加了一个教会营会活动，有两个女孩子冲出人群向他跑来。其中一个女孩喊着："你就是那个人！就是你救了我！那天我掉进水里，你在码头

那里救了我！当时你到哪里去了？"他回答她们说："那地方是哪里啊？那事发生在哪里？"她们无法相信："你应该知道那个地方啊！你在那里啊！"他回答说，他根本不知道那个地方，然后他告诉她们整件事的经过。她们说："哇，那地方是佛罗里达！"

最后一个故事是我的个人经历。几年前，我们家人在蒂妮诗　母亲家里团聚。傍晚的时候，大家开始谈论晚上要吃些什么。最后我们终于决定吃披萨。于是我的任务就是去买披萨回来大家吃。我就走向停车的地方，开了车门。我钻进车子的一瞬间，忽然意　识到我忘了拿钱包。我记得钱包在卧室里。可是，我正准备回去拿钱包时，我就听到我里面有一个非常小的声音说："别担心钱　包。"我想："**别担心钱包**？我身上可没有钱啊！钱包里才有钱。让我回去取钱包是不成问题的啊。我确实需要钱包啊！"可是那 微小的声音又来了："别担心钱包。"

于是我关上车门，开了出去，往镇里去——差不多有四英里路。整个过程我一直在想，"我在干什么啊？我可不认识披萨店里的人。没有钱他们可不会给我披萨。我应该回头去取钱包才是啊！"但是，不知怎么回事，我的身体却驾着车一直往前行！开到一个拐弯的地方，我需要往右拐，于是我停了下来，看着路。没有车过来。我往另一个方向看，空荡荡的。然后我注意到，随风向着我吹过来，是一张 10 美元的钞票。我从没见过钞票被风吹到路上的事，后来也没有见过。那钞票直向我飘过来，一阵风起来，那钞票飘起来，然后刚刚好落在车子的引擎罩上。我以为："我可以上去抓住它了！"于是我打开车门，就在此时那钞票又被风吹下引擎罩，刚刚好落在我的身边。我的车底盘很低，我甚至不用抬腿跨出车子，只是弯下身，就将那钞票拾起来了。于是我关上车门，开往披萨店买披萨。总共花了 9.95 美金！我钱包里有足够的钱，但仿佛天父爸爸在对我说，"你以为你是你家里的父亲啊，我要让你知道，**我**才是你们的爸爸。"对我来说，那 却是一件大神迹，尽管看似一件小事。这件事叫我意识到，我们真的不属于这个世界啊。

我们是神的儿女。当我们学习行走在祂对我们每天持续的爱的经历之中，我们会变得自由起来。我们所高举的那一切神的奇妙并超自然的恩赐，实际上都是我们本该成为的样子的表达。当神的儿女显现出来的时候，神的国度就被建造起来，这个世界将被改变。一切属于撒但的事物都将被丢弃。羔羊婚宴的日子就快到了，那时我们都会在那里。天父会来到我们当中，祂会俯在你的身边，将一切伤痛的眼泪擦干。圣经说，"我们现在是神的儿女，将来如何，还未显明。"（约翰一书 3:2）当我们来到那婚宴上，我们会互相对视，然后说："哇，我们以前所知道的连一半都不到啊！"

我们正处在当下，新娘正在为羔羊的婚礼预备自己。婚礼的那一天，我们将成为基督的新娘。根据犹太人的传统，在婚礼之前，新郎是不可以见新娘的，而新娘一直在预备自己。所以，有一天我们要跟耶稣面对面，而眼下，我们为着那一天正在好好预备自己。

亚伯拉罕（圣父）从他家里送了十头骆驼，满载礼物，并派他的仆人（圣灵）送去，好让利百加能习惯以撒（耶稣）一生所经历的爱和家庭环境。现在，神，我们的天父，要将祂的一切， 并祂所有的，都赐给我们，让我们准备好了，可以跟祂的儿子成婚。

如今我们是神的儿子了

在我的生命中，我第一次感觉到自己才真正明白福音是什么。福音所说的一切，是关于失去了自己的孩子们的天父，祂只是想让他们回来。因为人类中的绝大多数都很难爱上权威人物（他们

的堕落使大多数当权者被权力所腐化）。于是，天父没有亲自来，而是差祂的儿子完美地代表祂，把我们带回祂的家。

神多了不起啊！我们是祂的儿女！我期待着那一天，那时我们将看到神的儿女们，他们全然彰显自己，并在完全的自由里，从世界上每一个国家中兴起来，展示和表达我们天父的性情、属性和作为，并像耶稣一样，行走在这个破碎的世界里。

资源

叶光明, 1998 年 2 月简讯

C. S. 刘易斯,《卿卿如晤》, 费伯-费伯出版公司, 伦敦, 1961 慕安德烈,《住在基督里》, 伯大尼之家出版社, 明尼阿波利斯市, 明尼苏达州, 2003

希波的奥古斯丁, 由拉涅罗·康塔拉梅斯神父在《基督主权之下的生命》中的引用, 堪萨斯, 1990

邀请

如果你喜欢这本书, 我们邀请你来参加天父之心事工的A 学校。这个 A 学校是一周时间的关于天父的爱的启示的服事。

A 学校有两个目标:

首先, 给你一次机会, 个人性地去经历体会天父对你的爱。第二, 给你一个尽可能的最深刻的基于圣经的教导, 使你明

白天父在一个基督徒生命中以及日常生活中的地位和作用。

在 A 学校的学习过程中, 你会全方位地领受关于天父的爱的启示。透过那些服事人员们他们的生命的启示性的洞察和扎实的圣经的教导, 领受翻转性的爱、生命和盼望的信息。

你会得着机会来挪去那些拦阻你领受天父的爱的各种主要的障碍, 并找回自己做儿子或女儿的心。耶稣对祂的天父存有一颗儿子的心。祂活在天父的爱的同在中。约翰福音告诉我们, 耶稣所说和所做的每一件事, 都是祂看到和听到祂的天父所说和所做的。耶稣邀请我们进入这样的一个境界里去, 就是做祂这首生的神的儿子的弟弟和妹妹。

当我们敞开我们的心的时候, 天父就将祂的爱藉着圣灵浇灌到我们的心里。在一颗被天父的爱所翻转的心里, 真实且恒久的

改变就会发生。多年的拼搏和表现之后, 许多人终于找到了真正的家, 找到了真正的休息和归宿。

申请A 学校的方式是, 访问以下网页中的 "Schools & Events":
www.fatherheart.net

FATHERHEART MEDIA

Additional copies of this book and other resources
from Fatherheart Media are available at:

www.fatherheart.net/store - New Zealand

www.amazon.com - Paperback & Kindle versions

FATHERHEART MEDIA

PO BOX 1039

Taupo, New Zealand 3330

Visit us at www.fatherheart.net